Martin Wetzel, Hermann Lattmann

Selbständiger und bezogener Gebrauch der Tempora im Lateinischen

Zugleich eine Entgegnung auf die gleichnamige Schri

Martin Wetzel, Hermann Lattmann

Selbständiger und bezogener Gebrauch der Tempora im Lateinischen
Zugleich eine Entgegnung auf die gleichnamige Schri

ISBN/EAN: 9783743457911

Hergestellt in Europa, USA, Kanada, Australien, Japan

Cover: Foto ©Paul-Georg Meister /pixelio.de

Manufactured and distributed by brebook publishing software (www.brebook.com)

Martin Wetzel, Hermann Lattmann

Selbständiger und bezogener Gebrauch der Tempora im Lateinischen

der

empora im Lateinischen.

Zugleich eine Entgegnung
auf die gleichnamige Schrift von Dr. Herm. Lattmann.

Von

Dr. Martin Wetzel,
Oberlehrer am Gymnasium zu Paderborn.

Paderborn.
Druck und Verlag von Ferdinand Schöningh.
1890.
Münster i. W., Prinzipalmarkt 1. — Osnabrück.

~~Selbständiger~~ und bezogener

Gebrauch

der

Tempora im Lateinischen.

Zugleich eine Entgegnung
auf die gleichnamige Schrift von Dr. Herm. Lattmann.

Von

Dr. Martin Wetzel,
Oberlehrer am Gymnasium zu Paderborn.

Paderborn.
Druck und Verlag von Ferdinand Schöningh.
1890.
Münster i. W., Prinzipalmarkt 1. — Osnabrück.

Notwendiger und bogener Gebrauch

der

Tempora im Lateinischen.

Zugleich eine Entgegnung
auf die gleichnamige Schrift von Dr. Herm. Lattmann.

Von

Dr. Martin Wetzel,
Oberlehrer am Gymnasium zu Paderborn.

Paderborn.
Druck und Verlag von Ferdinand Schöningh.
1890.
Münster i. W., Prinzipalmarkt 1. — Osnabrück.

Vorwort.

Der amerikanische Philologe Prof. William Gardner Hale bemerkt in einer Abhandlung über die Zeitenfolge im Lateinischen, dafs ich in meinen »Beiträgen zur Lehre von der consecutio temporum im Lateinischen« (Paderborn 1885) von den richtigen Grundsätzen meiner Dissertation »De consecutione temporum Ciceroniana« (Lips. 1877) abgewichen sei, indem ich mich in das Nebelland (cloudland) der absoluten und relativen Zeit begeben hätte (American Journal of Philology. Vol. VIII p. 74). Der Tadel ist unbegründet; aber dafs über das Wesen des absoluten und relativen Tempusgebrauchs im Lateinischen bisher noch keine volle Klarheit herrschte, das spricht neuerdings auch Schmalz aus, wenn er sagt: »Im ganzen bekomme ich den Eindruck, als ob über die Begriffe selbständiges und bezogenes Tempus keine gleichmäfsige Auffassung durch die Arbeiten der Grammatiker gehe; dies ist aber vor allem notwendig, wenn greifbare Ergebnisse aus der Forschung hervorgehen sollen« (»Erläuterungen zu meiner lat. Schulgrammatik«. Progr. Tauberbischofsheim 1890. S. 32).

Ich hatte bereits in meiner Recension der Schrift von Herm. Lattmann über die Koincidenz bemerkt, dafs auf dem Gebiete der lateinischen Tempus- und Modussyntax keine Frage dringender der Untersuchung bedürfe als die nach dem Wesen des absoluten und relativen Tempusgebrauchs im Lateinischen (N. Jahrbb. f. Philol. 1889. S. 839). Schon wenige Monate später hat Herm. Lattmann eine derartige Untersuchung veröffentlicht (»Selbständiger und bezogener Gebrauch der Tempora im Lateinischen«. Göttingen. Vandenhoeck & Ruprecht. 1890. 150 S. 8°.). Den Ergebnissen derselben stimme ich, wie nicht anders zu erwarten, in vielen Punkten zu. Besonders erfreulich war es mir, dafs der Verfasser hinsichtlich der Beziehung der selbständigen Zeiten der or. recta auf das regierende Verbum der abhängigen Rede den unhaltbaren Standpunkt der 5. Auflage der Lattmann-Müllerschen Schulgrammatik, gegen den vor allem meine »Beiträge« sich wendeten, aufgegeben hat und meiner Auffassung gefolgt ist. In manchen anderen und zwar gröfstenteils prinzipiellen Punkten befinde ich mich dagegen in einem entschiedenen Gegensatze zu H. Lattmann. Meine abweichende Auffassung darzulegen und eingehend zu begründen konnte ich um so weniger unterlassen, als ich zugleich meine Ansichten mehrfach gegen seine Anfechtungen zu verteidigen habe. Auch schienen mir die Ausführungen Lattmanns hie und da der Ergänzung zu bedürfen.

Möchte es mir durch diese Erörterungen, insbesondere durch die Unterscheidung einer objektiven und subjektiven Relativität sowie durch die Aufstellung eines Tempusgesetzes für Sätze mit korrelativem Inhalte, gelungen sein, zur Erhellung des »Nebellandes« auch meinerseits einiges beizutragen!

M. W.

Inhalt.

                                                                    Seite
**§ 1. Der bezogene Gebrauch des Imperfekts und Plusquam-
perfekts** . . . . 1—13

Unhaltbarkeit der früheren Lehre, dafs das Impf. und Plusq. nur relative Tempora seien 1 f. Widerlegung der entgegengesetzten Lehre Hales, dafs das Impf. und Plusq. keine eigentliche Relation enthalten 2 ff. Widerlegung der Lehre Lattmanns, dafs überall bezogener Tempusgebrauch anzunehmen sei, wo Zeitformen derselben Zeitsphäre dem natürlichen zeitlichen Verhältnisse entsprechen 4 ff. Selbständiger Tempusgebrauch in streng zeitbestimmenden Sätzen 5 f. Berechtigung der Lehre Hoffmanns, dafs indikativische *cum*-Sätze absolutes, konjunktivische relatives Tempus haben 7 f. Einschränkung der Hoffmannschen Lehre 9. Das Wesen des bezogenen Gebrauchs des Impf. und Plusq. 9 f. Der determinative Gebrauch des Impf. 10. Die allmähliche Entwickelung des bezogenen Tempusgebrauchs aus dem selbständigen 10 ff. Selbständiger Charakter des Impf. in der Parataxis 11. vor dem sog. *cum* inversum 11 f. Selbständige Tempora in Nebensätzen 12. Zusammenhang zwischen der Entwickelung der Relativität und der Entwickelung des Konjunktivs 12 f.

**§. 2. Das bezogene Perfekt in iterativen bezw. allgemeingültigen
Nebensätzen und seine Tempusfolge** . . . . 14—21

Der relative Charakter des die Vorzeitigkeit in der Zeitsphäre der Gegenwart ausdrückenden Perfekts 14. Die Ansichten Madvigs, Lievens, Lattmann-Müllers, H. Lattmanns über die Tempusfolge nach einem solchen Perfekt 14. Die regelmäfsige Tempusfolge ist die präteritale. Belege 15 ff. Der Konjunktiv der Haupttempora findet sich nur dann, wenn auch jedes andere logische Perfekt mit demselben verbunden sein könnte 17 ff. Dasselbe gilt von dem von einem Präsens abhängigen Part. Perf. 20 f. sowie von dem Inf. Perf. 21. Beziehung des Indikativs eines Prät. auf ein relatives Perfekt 21.

§ 3. Objektive und subjektive Relativität . . . . 21—33

Meinungsverschiedenheit zwischen Hale und Lattmann hinsichtlich des Standpunktes des Redenden 21 f. Die Relativität ist nach Hale eine subjektive, nach Lattmann eine objektive 22. Objektive Relativität ist beim Impf. und Plusq. und den beiden Fut. anzunehmen, wenn der Satz keinen integrierenden Teil des Hauptsatzes bildet 22 f. In der Zeitsphäre der Gegenwart giebt es keine objektive

Relativität 23. Das bezogene Perfekt beruht auf subjektiver Relativität 24. Objektive und subjektive Relativität in konjunktivischen und indikativischen Nebensätzen bei übergeordnetem Praes. hist. 25 ff. Das Perf. Ind. bei übergeordnetem Praes. hist. in Temporalsätzen beruht auf subjektiver Relativität 26 ff. desgl. in Relativsätzen 28. desgl. das Praes. Ind. 29. Der Konjunktiv der Haupttempora in der von einem Prät. abhängigen Rede bei Historikern beruht meist auf subjektiver Relativität 29 f. Lattmann nimmt hier mit Unrecht selbständiges Tempus an 30. Subjektive Relativität in Finalsätzen 30. Unhaltbarkeit der Lattmann-Müllerschen Lehre, dafs nur Tempora gleicher Zeitsphären auf einander bezogen werden können 30 f. Dreifache Bedeutung des von einem Fut. abhängigen Konj. oder Inf. Perf. 31. Unhaltbarkeit der Lehre H. Lattmanns 31. Der Konj. und Inf. Perf. nach einem Fut. haben nicht die Bedeutung eines Fut. ex. 31 ff.

§ 4. **Selbständige Zeiten in der von einem Präteritum abhängigen Rede** . . . . 34—43
Den Konjunktiv der Haupttempora in der von einem Prät. abhängigen Rede gebraucht Cicero nur in selbständiger Bedeutung 34. Belege 34 ff. Gedanken allgemeinen Inhalts 34 ff. Gedanken nicht allgemeinen Inhalts 39 ff. Selbständige Tempora in solchen Nebensätzen mit dem mod. obl., die von dem verb. fin. unmittelbar abhängig sind 42 f. in den einem anderen obliquen Nebensatze untergeordneten obliquen Nebensätzen 43. Bei Historikern ist dieser selbständige Tempusgebrauch von dem subjektiv-relativen zu unterscheiden 43.

§ 5. **Die Übereinstimmung der Tempora bei kongruenten und koincidenten Handlungen** . . . . 44—52
Die Tempusgleichheit bei kongruenten und koincidenten Handlungen beruht auf einem Gesetz 44. Widerlegung der Lehre Lattmanns, dafs durch die Tempusgleichheit »die thatsächliche Harmonie der Zeiten« ausgedrückt werde 44 ff. Die Tempusgleichheit beruht auf der Gemeinschaftlichkeit der Tempusform 45. Sie ist von einer äufsern »Attraktion« zu unterscheiden 45 f. Gemeinschaftlichkeit der Modusform 46. der Kasusform 46 f. Auch sonst kommt eine Gemeinschaftlichkeit der Tempusform vor 47 f. Die Koincidenz in übergeordneten und in gleichgeordneten Sätzen beweist nichts dagegen 48. Gemeinschaftliche Tempusform erscheint auch bei Modalitätsverben 49. in begriffsumschreibenden Nebensätzen 49 ff. Was für begriffsumschreibende Nebensätze kommen nur in Betracht? 50. Widerlegung der Behauptung Lattmanns, dafs hier das Perfekt selbständig sei 51 f. *quantum in ipso* (oder *in se*) *fuit* erklärt sich aus der engen Zusammengehörigkeit der Sätze 52.

§ 6. Das Tempusgesetz für Sätze mit korrelativem Inhalte . . 52—58
  Das Tempusgesetz für Sätze mit korrelativem Inhalte 52.
Wann hat ein Satz korrelativen Inhalt? 52 f. Welche Satzarten gehören zu den korrelativen Sätzen? 53 f. Die Tempusfolge in indikativischen Nebensätzen bei übergeordnetem Praes. hist. ein Kennzeichen des korrelativen Satzverhältnisses 54. In korrelativen Sätzen ist die Relativität eine subjektive 54. Aus der präsentischen Grundform entstehen die Sätze mit den übrigen Zeiten 55. Warum wird beim Perfekt die Vorzeitigkeit nicht ausgedrückt? 55. Beispiele 56 ff.

§ 7. Das korrelative Tempusgesetz in Temporalsätzen . . . . 58—77
  In Temporalsätzen wird die Gleichzeitigkeit im allgemeinen nicht durch ein Tempus der actio perfecta ausgedrückt (aufser nach den Konjunktionen der Gleichzeitigkeit) 58 ff. Selbständiger Gebrauch des Impf. und Plusq. nach *postquam* u. ä. 59 f. A. Temporalsätze nach *postquam, simulatque, ubi, ut (cum)*. Keine Korrelation liegt vor bei Angabe der Zwischenzeit bei *post . . . quam* 60. bei übergeordnetem Impf. oder Plusq. 60 f. zuweilen auch bei übergeordnetem Perf. 61. Bei der Gleichzeitigkeit keine Auffälligkeit im Tempus 61. Allgemein anerkannte Fälle der Vorzeitigkeit 61 f. Beispiele für das nicht iterative Präs. und Impf. sowie für das Plusq. 62 f. Warum kommt beim Impf. und Plusq. das korrelative Tempus nur spärlich vor? 63 f. B. Temporalsätze nach *antequam* und *priusquam*. Der Inhalt ist bald korrelativ, bald nicht 64. Nicht korrelativ ist der Inhalt bei Angabe der Zwischenzeit 64. bei übergeordnetem Impf. und Plusq. 64 f., oft auch bei übergeordnetem Perf. 65. Der Ausdruck der Gleichzeitigkeit ist selten 65 f. Unterschiedliche Behandlung der Gleichzeitigkeit und der Vorzeitigkeit 66 f. Belege für den Ausdruck der Vorzeitigkeit 67 ff. C. Temporalsätze nach *dum, donec, quoad*. *Dum, donec, quoad* 1. in der Bedeutung »so lange als« 75. 2. in der Bedeutung »bis« so behandelt wie *antequam* 75. Belege für den Ausdruck der Vorzeitigkeit 76 f. Kein korrelatives Satzverhältnis 77.

§ 8. Das korrelative Tempusgesetz in verallgemeinernden Relativsätzen . . . . 77—92
  Wann findet in verallgemeinernden Relativsätzen kein korrelatives Satzverhältnis statt? 78. Belege für das korrelative Tempusgesetz. A. Vorzeitigkeit 78 ff. B. Gleichzeitigkeit 88 ff.

§ 9. Das korrelative Tempusgesetz in Sätzen, die eine begriffliche Bestimmung bezwecken . . . . 92—100
  Grund und Umfang der Tempusübereinstimmung bei koincidenten Handlungen 92 f. Grund und Umfang der Tempusübereinstimmung bei Modalitätsverben 93. Das korrelative Tempusgesetz bei *quantum in me est* 93. *videri* (gut scheinen) 93 f. *placere* 94.

— VIII —

cogere 94. *commodum est* 94. *decet* 94. *convenit* 95. *fas est* 95. *officium est* 95. *dignum est* 95. Korrelatives Verhältnis bei begrifflichen Bestimmungen 95 ff. Das korrelative Tempusgesetz bei *esse* und Kompos. 95. *reliquum esse* 95. *habere* 95 f. *usui esse, opus esse, pertinere* 96. *videri* (scheinen) 96. *sentire* 96. *putare, arbitrari* 96. *velle* (wünschen) 96. *concupiscere, petere, appetere* 96 f. *iubere, imperare, praescribere* 97. *statuere* 97. *dare* 97. *accipere* 97. *nancisci* 97. in Sätzen mit korrelativer Form *(quantus — tantus, quotiens, quoad, quo — eo)* 97 f. zur Bezeichnung von Umständen der Haupthandlung 98. zur Umschreibung persönlicher Begriffe 98. Kausales und konzessives Verhältnis der korrelativen Sätze 99 f. Das korrelative Tempusgesetz in indikativischen Kausalsätzen 100.

§ 10. **Der bezogene Tempusgebrauch in konjunktivischen Nebensätzen** . . . . 100—106

Die präteritale Tempusfolge in indirekten Fragen beruht auf objektiver, die präsentische nach einem Präsens und Futurum auf subjektiver Relativität 100 ff. Selbständiger Tempusgebrauch in indirekten Fragen 102. Die Relativität in Final- und in Folgesätzen 102 f. Die Relativität in konjunktivischen Nebensätzen, die zunächst einem Infinitiv untergeordnet sind 103 ff. Auseinandersetzung mit H. Lattmann 104 ff.

Verzeichnis der in textkritischer Hinsicht in Betracht gezogenen Stellen . . . . 107.

§ 1.

Der bezogene Gebrauch des Imperfekts und Plusquamperfekts.

Früher lehrte man, dafs das Imperfekt und das Plusquamperfekt (nebst dem Fut. ex.) ausschliefslich relative Tempora seien, dafs sie also stets eine Beziehung auf eine andere, eine Haupthandlung enthalten. So sagt schon Sanctius (Min. I, 13): »Si dicas *Cicero scribebat carmina* et *Cicero scripserat*, suspensum habes auditoris animum, donec verbum aliud adiungas, quo sensus absolvatur.« Und noch bei Haase heifst es: »Von besonderer Wichtigkeit ist es, sich klar zu machen, dafs das Plusquamperfekt und das Imperfekt stets relativ sind, also auf ein anderweitig schon gegebenes Präteritum sich beziehen, ohne dessen Voraussetzung sie keinen Sinn haben . . . . . Das lateinische Imperfekt kann nie selbständig stehen und kann nur abhängige oder untergeordnete, nebenhergehende Umstände, welche die freien Hauptereignisse begleiten, einführen.«[1]

Indes ergiebt sich aus einer unbefangenen Beobachtung des Sprachgebrauchs, dafs in zahlreichen Fällen von einer Beziehung des Impf. und des Plusq. auf eine andere Handlung schon deshalb nicht die Rede sein kann, weil eine solche Handlung ja gar nicht ausgesprochen wird und auch nicht aus dem Zusammenhange hinzugedacht, ergänzt werden kann. Es sind dies die Fälle, wo das Impf. und ebenso, wenn auch naturgemäfs seltener, das logische oder imperfektische Plusquamperfekt als »Tempora der Anschaulichkeit« angewandt werden zum Ausdrucke einer Sitte oder eines Zustandes oder auch einer als sich entwickelnd gedachten Handlung, indem der Sprechende sich in die betreffende vergangene Zeit lebhaft im Geiste zurückversetzt. Man vergleiche nur

---

[1] Vorl. üb. lat. Sprachwissenschaft, hrsg. von Peter. II, 211.

folgende Beispiele. Suet. Oct. 78: *Post cibum meridianum (Augustus) paulisper conquiescebat.* Cic. Cat. M. 21: *Themistocles omnium civium perceperat nomina.* Planc. 101: *Numquam obliviscar noctis illius, cum tibi vigilanti, assidenti, maerenti vana quaedam miser atque inania falsa spe inductus pollicebar.* Pis. 26: *Numerandus est ille annus denique in re publica, cum obmutuisset senatus, iudicia conticuissent, maererent boni, vis latrocinii vestri tota urbe volitaret neque civis unus ex civitate, sed ipsa civitas tuo et Gabini sceleri furorique cessisset?* Att. I, 10, 2: *Quod etsi mea sponte ante faciebam, eo nunc tamen agam studiosius.* rep. III, 43: *Ergo ubi tyrannus est, ibi non vitiosam, ut heri dicebam, sed ut nunc ratio cogit, dicendum est plane nullam esse rem publicam.*

Nach der anderen Seite hin geht Hale zu weit, wenn er einen streng relativen Gebrauch des Impf. und Plusq. leugnet und einen solchen nur den Infinitiven und Partizipien zugesteht. Er sagt: »Jeder mögliche Gebrauch des Plusquamperfekts trägt in sich selbst die Vorstellung eines gewissen vergangenen Zeitpunktes und erzählt seine temporale Geschichte ohne Beziehung auf ein anderes Verbum; aber sobald wir in unmittelbarer Folge ein anderes Verbum in einer Zeitform hören, welche es mit der Vergangenheit zu thun hat, werden wir sogleich die beiden mit einander verbinden; das heifst, es wird eine praktische Relativität entstehen. Für das Partizipium und den Infinitiv liegt die Relativität in dem Verbum (Part. oder Inf.) selbst; für den Indikativ (Impf. und Plusq.) liegt die Relativität nicht in dem Verbum, sondern in der Nebeneinanderstellung (juxtaposition).«[1] Demgemäfs behauptet er: »Wenn ich sage *aedificaverat,* so belehrt dieses Verbum streng genommen meinen Hörer nur, dafs zu einer gewissen vergangenen Zeit, welche ich im Sinne habe, das Hausbauen ein fait accompli war.«[2] Nach Hale denkt also nur der Hörer, nicht der Sprechende an die sog. Vorzeitigkeit d. i. an die Handlung des Bauens. Wenn das wahr wäre, so müfste notwendigerweise dasselbe auch vom logischen Perfekt gelten; bei

---

[1] The *cum*-constructions: their history and functions. Part I: Critical (= Studies in Classical Philology, publ. by the Cornell University, Ithaca N. Y. 1887. Nr. I) p. 20.
[2] Ebd. p. 14.

aedificavit würde also nur der Hörer, nicht der Sprechende an die vergangene Handlung des Bauens denken. Damit ist nun aber die präteritale Tempusfolge, die so oft nach logischem Perfekt eintritt, unvereinbar; denn dieselbe erklärt sich ja nur aus der Beziehung des Verbums im Nebensatze zu der vergangenen Handlung. In solchen Fällen, wo an das gegenwärtig vorliegende Resultat derselben, an das fait accompli, gedacht ist, findet präsentische Tempusfolge statt. Vgl. meine »Beitr.« S. 31.

Und wenn ich sage: *Pater eius superiore anno mortuus est; mater ei triennio ante mortua erat,* so will ich mit *triennio ante* offenbar die Zeit bestimmen, in der die Mutter starb, nicht diejenige Zeit, die ich bei *mortua erat* als einem fait accompli im Sinne habe; denn das wäre ja die Zeit, wo der Tod des Vaters erfolgte.

Hieraus dürfte sich ergeben, dafs nicht blofs der Hörer, sondern auch der Sprechende bei einem Plusquamperfekt oft aufser an das fait accompli auch an die vergangene Handlung denkt. In diesem Falle aber ist das Plusquamperfekt nicht selbständig gebraucht. Denn ein selbständiges Plusq. drückt, wie Lattmann richtig bemerkt, »nur einen aus einer Thätigkeit sich ergebenden Zustand aus. Nur als Zustand ist überhaupt eine vollendete Handlung, soll sie selbständig stehen, zu denken. Ein anderer Sinn läfst sich für eine vollendete Handlung nur gewinnen durch Beziehung auf eine andere Handlung.«[1]

Nach Hale wäre jedes relative Imperfekt oder Plusquamperfekt »in einem gewissen wahren Sinne absolut«.[2] Demnach müfste ein solches immer, auch ohne dafs die entsprechende Haupthandlung zum Ausdruck käme, stehen können. Nun meine ich aber, dafs ein Satz wie off. I, 143: *quae erant prudentiae propria, suo loco dicta sunt* nicht verwandelt werden kann etwa in folgenden: *quae prudentiae erant propria, vobis nota sunt.* Wo liegt das Hindernis? Warum kann, um mit Hale zu reden, der Sprechende sich in dem Nebensatze nicht auf den Standpunkt der Vergangenheit stellen? Offenbar deshalb, weil das Impf. *erant* lediglich durch ein Präteritum des Hauptsatzes getragen werden kann. Mithin

---

[1] Selbst. u. bez. Gebr. der Tp. S. 27.
[2] a. a. O. p. 19.

ist hier das Tempus des Nebensatzes von dem des Hauptsatzes wirklich abhängig, also nicht selbständig.

Übrigens führt Hale seine Auffassung, dafs nicht der Sprechende, sondern nur der Hörende die Vorstellungen der Gleichzeitigkeit und der Vorzeitigkeit empfinde, und dafs die Nebenhandlungen zunächst nicht auf die Haupthandlung, sondern nur auf einen gewissen Zeitpunkt, den sog. Standpunkt des Sprechenden, bezogen zu denken seien, selbst gar nicht streng durch. Denn er sagt: »Modifying circumstances etc., are generally seen by the speaker in temporal relation to the acts which they modify, and hence are expressed by the accessory tenses«.[1] Damit stellt sich Hale ganz auf den Boden der Lattmann-Müllerschen Grammatik, deren Lehre er bekämpfen will.[2] Und so ist seine Grundanschauung auch von der Herm. Lattmanns nicht sehr verschieden.

Nach Hale wird die Relativität durch die Nebeneinanderstellung hervorgerufen. Auch hierin berührt er sich mit Herm. Lattmann. Derselbe sagt a. a. O. S. 80 f.: »Wenn die Zeitformen derselben Zeitsphäre angehören und dem natürlichen zeitlichen Verhältnisse durchaus entsprechen, so ist in der Zeitsphäre der Vergangenheit und der Zukunft regelmässig bezogener Gebrauch der Tempora anzunehmen.«

Damit wird nun aber dem relativen Tempusgebrauch ein viel zu weites Feld zugewiesen. Es kann sehr wohl ein Impf. (bezw. Plusq.) neben einem Perfektum (oder einem anderen Präteritum) stehen, ohne darauf bezogen zu sein. Vgl. Tusc. I, 72: *Ita . . censebat itaque disseruit.* Hier würde *censebat* an sich als relativ zu *disseruit* gelten können, da dies »dem natürlichen zeitlichen Verhältnisse entspricht«; da aber das doppelte *ita* beide Verben in ihrer Bedeutung gleichstellt, so wird man dem *censebat* die gleiche Selbständigkeit wie dem *disseruit* zuerkennen müssen. In diesem Falle ist also das schildernde Tempus (Impf.) neben dem konstatierenden (Perf.) absolut gebraucht. So ist nun aber

---

[1] American Journ. of Philol. Vol. IX p. 170.
[2] Lattmann ist der Nachtrags-Artikel Hales, in dem obige Stelle vorkommt, entgangen; sonst würde er gewifs a. a. O. S. 53 nicht verfehlt haben, letztere als Beweis für die Ähnlichkeit der Lehre Hales mit der Lattmann-Müllers anzuführen.

auch zu urteilen über einige Stellen, welche Lattmann a. a. O.
S. 80 behandelt, nämlich Tusc. I, 4: *In Graecia musici floruerunt
discebantque id omnes.* Tusc. I, 3: *Quo minus igitur honoris
erat poetis, eo minora studia fuerunt.* Tusc. I, 101: *Fuit haec
gens fortis, dum Lycurgi leges vigebant.* An letzterer Stelle nehme
ich schon deswegen keine Beziehung an, weil der Nebensatz eine
Zeitbestimmung zu dem Hauptsatze enthält. Doch hierüber sogleich mehr.
 Wenn ich in dem oben S. 2 angeführten Satze Pis. 26 statt
der Worte *numerandus est ille annus denique in re publica?* etwa
die ungefähr gleichbedeutenden *nefastus ille annus fuit* einsetze,
so berührt diese Änderung, wie jeder empfinden wird, durchaus
nicht den temporalen Wert, die temporale Selbständigkeit der
Präterita des Nebensatzes. Lattmann aber würde die letzteren
dann als auf *fuit* bezogen betrachten. Umgekehrt läfst sich der
präteritale Hauptsatz in einen präsentischen verwandeln ohne Be-
einträchtigung des temporalen Charakters des Verbums im Nebensatze in Fällen wie de imp. Pomp. 19: *Tum, cum in Asia res
magnas permulti amiserant, scimus Romae solutione impedita fidem
concidisse.* Man sage etwa: *Eius temporis negotiatores nostri numquam obliviscentur, cum in Asia res magnas permulti amiserant,*
und von einer Relativität des *amiserant* kann offenbar keine Rede
sein. Aus dem Grunde halte ich nun aber auch in der Form
Ciceros das temporal durchaus gleichwertige *amiserant* für selbständig. Der Sinn der Stelle ist dann folgender: »Denkt euch
einmal in die Zeit zurück, wo so viele den Verlust grofser Summen
in Asien zu beklagen hatten. Ihr werdet euch erinnern, dafs
damals die Zahlungen stockten und der Kredit sank.« Anders
Lattmann, welcher a. a. O. S. 73 sagt: »Dieses Plusq. *amiserant*
kann natürlich (!), obwohl es keine oblique Beziehung enthält,
nicht unmittelbar vom Standpunkte Ciceros gedacht sein, sondern
es bildet ein Antecedens zu dem Praet. *concidisse.*«
 Nach meinem Dafürhalten ist überhaupt in streng temporalen Nebensätzen d. i. solchen, welche auf die Frage »Wann?«
antworten, im allgemeinen absoluter Tempusgebrauch anzunehmen.
(Von den iterativen Sätzen sehe ich hier vorläufig ab.) Denn
eine Handlung, welche die Zeit der Haupthandlung bestimmt, kann
nicht erst selbst hinsichtlich ihrer Zeit durch die Haupthandlung

bestimmt sein; wir würden uns ja sonst im Zirkel bewegen.[1] Mir erscheint es widersinnig, wenn man in einem Satze wie div. II, 3: *Sex libros de re publica tunc scripsimus, cum gubernacula rei publicae tenebamus*, wie es Lattmann S. 90 thut, in dem *tenebamus* eine Beziehung auf *scripsimus* finden will. Dafs in Sätzen wie: *Cum Caesar in Galliam venit, principes erant Aedui* nicht blofs im Temporalsatze absolutes Tempus steht, sondern auch das Tempus des Hauptsatzes auf dasselbe bezogen ist, giebt auch Lattmann a. a. O. S. 70 zu. Das Gleiche gilt aber offenbar von Sätzen wie folgendem: Pis. 26: *An tum eras consul, cum in Palatio mea domus ardebat?* Nur ist hier die zeitbestimmende Handlung nicht durch das konstatierende, sondern durch das schildernde Tempus ausgedrückt. Im übrigen ist auch hier das Verbum des Hauptsatzes *(eras)* auf das des Nebensatzes *(ardebat)* bezogen, letzteres also selbständig. Und so ist, auch wenn im Hauptsatze kein Imperfekt (oder Plusq.) steht, also eine grammatische Beziehung der Haupthandlung auf die (vergangene) Handlung des Nebensatzes nicht stattfindet, letztere, weil zeitbestimmend, als selbständig zu betrachten.

Nun haben aber solche mit *cum* eingeleitete Temporalsätze, welche auf die Frage »Wann?« antworten, also streng zeitbestimmend sind, nach der Lehre Hoffmanns[2] und Hales[3] in der

---

[1] An dieser Logik des gemeinen Menschenverstandes halte ich fest trotz der von Hoffmann, Zeitpart. S. 84 und Lattmann a. a. O. S. 60 gebilligten Lehre Lübberts (die Synt. von *quom* etc. S. 159 f.), dafs in Temporalsätzen der Vordersatz zwar sachlich das zeitbestimmende Glied sei, dafs aber »vom Standpunkte der grammatischen Zeitgebung (der Denkform nach) umgekehrt das Prädikat des Vordersatzes das zeitlich durchs Hauptereignis bestimmte« sei. Die konjunktivischen Sätze nach erzählendem *cum*, um die es sich bei Lübbert handelt, sind eben streng genommen gar keine »zeitbestimmenden« Sätze, und damit entfällt aller Grund für Lübberts mysteriöse Lehre und seine Warnung vor einer »Verwechselung, welche wohl freilich nur bei einer exoterischen Kenntnis dieser Fragen möglich ist«. Wenn ich »Beitr.« S. 14 in iterativen und gewissen anderen Arten von Sätzen eine »gegenseitige Beziehung« zwischen Haupt- und Nebensatz annahm, so ist das etwas anderes. Ich hätte freilich betonen sollen, dafs diese »Gegenseitigkeit der Beziehung« den Inhalt, nicht das Tempus der Sätze berührt. Vgl. unten § 6.

[2] Die Konstr. der lat. Zeitpartikeln. 2. Aufl. (Wien 1873.) S. 95 Anm. 92 g. E.

[3] The *cum*-constr. II p. 195 u. 252.

Regel den Indikativ, während in solchen Sätzen, die auf die Frage »*Quo statu rerum?*« antworten und, wie Hale sich ausdrückt, »the character of the situation« schildern, der Konjunktiv einzutreten pflegt. Daraus folgt, dafs Hoffmann im allgemeinen recht hat, wenn er lehrt, dafs indikativische *cum*-Sätze absolutes, konjunktivische relatives Tempus haben. Denn was Hale mit »the character of the situation« bezeichnet, das ist es ja gerade, was durch die relativen Präterita ausgedrückt wird, wie er denn auch zur Charakterisierung der sog. accessory tenses sich genau desselben Ausdrucks bedient.[1]

Hale und Lattmann freilich erklären die Hoffmannsche Unterscheidung für »völlig grundlos«. Man kann aber die von Hoffmann gegebene Begründung des Konjunktivs nach erzählendem *cum* für verfehlt halten und doch dem empirischen Teile seiner Untersuchung im ganzen zustimmen.[2] Und in letzterer Beziehung ist Hoffmann weder durch Hale noch durch Lattmann widerlegt worden.

Hale stellt den Beispielen mit dem Indikativ imperfektischer Plusquamperfekta — denn nur solche können selbständig gebraucht werden — andere mit dem Konj. Plusq. derselben oder synonymer Verba gegenüber. Ihm schliefst sich Lattmann an, welcher a. a. O. S. 11 zu der Stelle fin. V, 54: *Demetrius, cum patria pulsus esset iniuria, ad Ptolemaeum . . se contulit* unter Vergleichung mit imp. 25: *non fuit eo contentus . . ut illam, posteaquam pulsus erat, terram umquam attingeret* bemerkt: »Hier wird die Auffassung von *pulsus esset* im Sinne von *exsul esset* noch dadurch empfohlen, dafs Dem. bereits einige Zeit sich in der Verbannung (in Theben) aufhielt, bevor er zu Ptolemäus ging.« Als ob nicht ein und dasselbe Plusq. hier imperfektisch, dort aoristisch gebraucht werden könnte! Bekanntlich haben ja auch manche logische Perfekta bald präsentische, bald präteritale Tempusfolge, so dafs also hier an die vergangene Handlung, dort an das vorliegende Resultat derselben gedacht wird, oft ohne dafs ein anderer Grund für den Wechsel vorläge als die Willkür des Schriftstellers. Vgl. besonders Phil. II, 117, wo mit *didicit* präteritale

---

[1] The *cum*-constr. II p. 146.
[2] Das ist auch die Ansicht von Ihm (quaest. synt. de eloc. Tacitea p. 48).

und gleich darauf mit *didicisse* präsentische Tempusfolge sich verbindet, und Phil. XIV, 17: *Haec interposui, non tam ut pro me dixerim, quam ut quosdam monerem*, wo in dem ersten Finalsatze an das fait accompli des *interposuisse*, in dem zweiten an die vergangene Handlung des *interponere* gedacht ist. Damit soll freilich nicht geleugnet werden, dafs manche Verba dieser doppelten Anwendung mehr fähig sind als andere.

Aber auch zugegeben, dafs mancher Konj. Plusq. mit imperfektischer Bedeutung vorkommt, so ist Hoffmann damit immer noch nicht widerlegt. Denn warum sollte nicht auch ein imperfektisches Plusquamperfekt gerade so gut, wie jedes gewöhnliche Imperfekt, relativ gebraucht werden können? Lattmann selbst stellt S. 27 mit Hülfe der Logik fest, dafs dies möglich ist, und erklärt S. 89 den Ind. Plusq. nach *postquam*, den er doch in Übereinstimmung mit Hoffmann als »Tempus des Zustandes und daher gänzlich gleichwertig mit dem Impf. Ind.« ansieht, für relativ. Und doch tadelt er S. 11 Hoffmann, dafs er »gar nicht den Versuch macht« zu beweisen, dafs alle konjunktivischen Plusquamperfekte aoristisch seien!

Den Unterschied zwischen den indikativischen und den konjunktivischen *cum*-Sätzen kann man demnach im allgemeinen in folgender Weise klar machen. Sage ich z. B.: *Cum Athenis eram, Zenonem audivi*, so hat dies den Sinn: »Während meines Aufenthaltes in Athen war es, wo ich Gelegenheit hatte, den Z. zu hören.« (Der Sprechende denkt sich bei *eram* lebhaft in die Zeit jenes Aufenthaltes zurück.) Heifst es dagegen: *Cum Athenis essem, Zenonem audivi*, so bedeutet dies: »Ich habe den Z. gehört, und zwar war ich damals in Athen.« Im letzteren Falle drückt der Nebensatz also einen Umstand der Haupthandlung aus; und so erklärt es sich, dafs, wie Hale a. a. O. II p. 185 ff. zeigt, in vielen Fällen ein konjunktivischer *cum*-Satz ganz gleichbedeutend ist mit einer Partizipialkonstruktion. Vgl. Nep. Thras. 2, 7: *cecidit Critias, cum fortissime pugnaret* mit Caes. b. G. V, 37, 5: *fortissime pugnans occiditur*, ferner *cum interrogatus esset* (oder *interrogaretur*) mit *interrogatus*.

Freilich mufs man nicht glauben — und das ist der Fehler Hoffmanns, der sich aus seinem Grundirrtum über die Ursache des Konjunktivs mit Notwendigkeit ergab —, es könne in konjunktivischen Temporalsätzen das Tempus niemals absolut, in indikativischen niemals relativ stehen. Absoluter Tempusgebrauch in konjunktivischem *cum*-Satze findet sich z. B. Pis. 26 (s. oben S. 2), desgleichen leg. agr. II, 64: *tum, cum haberet haec res publica Luscinos, Calatinos, Acidinos* (s. Hoffmann S. 121 f.), wie überhaupt da, wo ein demonstrativer Ausdruck wie *tum* dem *cum*-Satze vorhergeht; in diesen Fällen erklärt sich der Konjunktiv aus dem qualitativen Charakter des Temporalsatzes.[1] Andererseits ist nicht zu leugnen, daſs in der älteren Latinität, wo der Gebrauch des Konjunktivs noch nicht soweit durchgedrungen war, manche indikativische Temporalsätze relativen Gebrauch aufweisen. So sind ohne Zweifel zu erklären Plaut. Bacch. 468: *Periit tibi sodalis . . . Quin ego, quom peribat, vidi, non ex audito arguo* und Mil. glor. 506: *Inspectavisti meum aput me hospitem Amplexam amicam quom osculabatur suam.* Wenn Hoffmann a. a. O. S. 191 zu diesen Stellen mit Recht bemerkt: »Die Beschaffenheit beider Stellen läſst keinen Zweifel darüber, daſs es in dem *quom*-Satze nicht auf Bestimmung des Zeitpunktes, in welchem das *videre, inspectare* stattfand, sondern auf Bezeichnung der Situation, die zur Zeit des *vidi, inspectavisti* obwaltete, d. i. auf Bezeichnung der Situation des Objektes, abgesehen ist«, so folgt nach den Untersuchungen Hales, was Hoffmann mit Unrecht bestreitet, daſs spätere Schriftsteller in beiden Fällen den Konjunktiv gebraucht haben würden. Vgl. Sest. 126: *numquam est conspectus, cum veniret* und Tusc. V, 77: *vidimus, cum exanimarentur prius quam faterentur*. Auch beweisen der Zusammenhang und die von Hoffmann selbst a. a. O. angeführten anderen Stellen hinsichtlich des zweiten Beispiels, daſs bei *osculabatur* nur an den belauschten Kuſs, nicht an die ganze Dauer des zärtlichen Zusammenseins zu denken ist.

Darin nämlich — das wird nach dem Gesagten klar sein — besteht der relative Gebrauch des Imperfekts (und des Plusquamperfekts, das ja ursprünglich die Natur eines Imperfekts hatte), daſs eine Handlung (bezw. ein Zustand) nicht in ihrer ganzen Zeitausdehnung betrachtet wird, sondern nur in demjenigen Teile

---

[1] Hale a. a. O. führt alle Konjunktive nach *cum* auf solche Fälle zurück und steht also auf dem Standpunkte von Gröhe und Haase (s. Lübbert a. a. O. S. 14 f.).

dieser Zeitausdehnung, welcher mit einer bestimmten Zeit zusammenfällt. Wenn es also heifst: *Cum Caesar in Galliam venit, principes erant Aedui,* so ist bei *erant* nicht an die ganze Zeit, während welcher die Äduer den Vorrang besafsen, gedacht, sondern nur an einen Teil dieser Zeit, nämlich an die Zeit, in welcher die Ankunft Cäsars erfolgte.

Daraus folgt nun aber, dafs ein relativer Gebrauch an sich auch ohne ein in der Nähe stehendes Verbum, auf welches das Tempus bezogen wäre, denkbar ist, z. B. wenn man sagte: *Caesaris in Galliam adventu* (oder auch *anno a. Chr. n. duodesexagesimo*) *principes erant Aedui.* Einen derartigen Gebrauch des Imperfekts könnte man als einen determinativen bezeichnen.

Dieser determinative Gebrauch war natürlich von vornherein in der Sprache gegeben. Ja, da zu der Betrachtung der ganzen Dauer eines Zustandes ein weiterer Blick erforderlich ist, während zu der Betrachtung eines kleineren Zeitteils ein beschränkterer Blick genügt, so glaube ich, dafs derselbe in der Sprache ursprünglicher ist als der eigentliche selbständige Gebrauch, dafs dieser mithin auf jenen erst zurückgeführt werden mufs. Wenn die Ansicht von Bopp-Curtius richtig ist, dafs das charakteristische Merkmal des Imperfekts und Plusquamperfekts, nämlich das demselben in der ältesten Gestalt anhaftende Augment eine Partikel, »da« ist, so wird jene Auffassung hierdurch nur bestätigt, da dieses »da« doch wohl zunächst auf eine bestimmte Zeit, nicht auf die ganze Dauer der ausgesprochenen Handlung hingewiesen haben wird. Der von Lattmann a. a. O. S. 15 nach Lübbert aufgestellten Behauptung, dafs die bezogene Anwendung der Zeiten nichts Ursprüngliches sei, kann ich also nicht ohne Einschränkung zustimmen.

Nicht ohne Einschränkung, sage ich; denn darin hat Lübbert unstreitig recht, dafs der eigentliche relative Gebrauch (mit Beziehung auf ein bestimmtes Verbum) sich vielfach erst aus dem selbständigen Gebrauche allmählich entwickelt hat. Ganz wie Lübbert sage auch ich, obwohl ich unter strenger Relativität nicht dasselbe verstehe wie jener: »Die strenge Relativität der Nebenzeiten ist ein Ergebnis einer mehr vorgerückteren, mehr dem innerlichen Auffassen der Ereignisse zugewendeten Sprachepoche, während die ältere Sprache auch das scheinbar Nebensächliche

mit einer gewissen Breite und Anschaulichkeit darzustellen liebt.«[1] Diese Entwickelung hängt zusammen mit der Entwickelung der Hypotaxis aus der Parataxis. Denn in der Parataxis ist, wie Lattmann a. a. O. S. 81 mit Recht bemerkt, selbständiger Gebrauch der Tempora das Gewöhnlichere. Lattmann weist u. a. hin auf Virg. Aen. I, 12: *Urbs antiqua fuit, Tyrii tenuere coloni*, wo es in Prosa heifsen würde: *quam tenebant*, und erklärt S. 84 die Verbindung eines selbständigen Imperfekts (oder Plusq.) mit einem Perfekt für besonders beachtenswert, z. B. Att. IV, 2, 4: *Ille noctem sibi postulavit; non concedebant*. Man kann im Anschlufs an Sest. 74 folgende Entwickelungsstufen aufstellen:
1. *creditum est; discessum est.*
2. *credebatur; discessum est* (vgl. Mil. 24 sq.: *transtulit . . occurrebat . . . videbat . . . contulit).*
3. *cum crederetur, discessum est.*

Auch in der zweiten Stufe haben wir noch selbständigen Tempusgebrauch. Überhaupt scheint mir bei der Parataxis da, wo die Haupthandlung noch nicht ausgesprochen ist, das Impf. (bezw. Plusq.) seine selbständige Bedeutung noch nicht ganz abgestreift zu haben. Ich möchte deshalb Hale zustimmen, wenn er Phaedr. I, 1, 1 sqq.:

*Ad rivum eundem lupus et agnus venerant
Siti compulsi: superior stabat lupus
Longeque inferior agnus. Tum fauce improba
Latro incitatus iurgii causam intulit*

folgendermafsen erklärt: »*venerant* für sich bedeutet nur ‚zu einer gewissen Zeit (welche ich, Phädrus, im Sinne habe) waren gekommen', *stabat* bedeutet nur ‚zu einer gewissen Zeit stand' (was standing), und *intulit* bedeutet nur ‚brach vom Zaune'. Jedes dieser Tempora ist in einem gewissen wahren Sinne absolut.«[2] Nur mufs diese »gewisse Zeit«, welche Phädrus im Sinne hat, sich nicht auf den Moment des *intulit* beschränken, sondern auch die demselben kurz vorhergehende Zeit mit umfassen; sonst wäre allerdings nur relativer Tempusgebrauch anzunehmen.

Auch das dem sog. *cum* inversum oder additivum voraufgehende Imperfekt bezw. Plusquamperfekt halte ich, abweichend

[1] a. a. O. S. 165.
[2] a. a. O. I p. 19; vgl. Lattmann S. 52 f.

von Lattmann[1], für selbständig. Wenn bei Caes. b. G. VII, 26, 3: *Iamque hoc facere noctu apparabant, cum matres familiae repente in publicum procurrerunt* das Impf. *apparabant* auf *procurrerunt* bezogen wäre, so unterschiede sich der Satz wohl kaum von folgendem: *cum iam hoc facere noctu appararent, repente matres familiae procurrerunt*. Und doch fühlt jeder einen grofsen Unterschied heraus. Ganz treffend bemerkt Hoffmann über solche Sätze: »Indem man . . nicht schon in vorhinein durch die Konjunktion und wohl auch durch den Modus auf den Zusammenhang vorbereitet wird, in welchem der schlechthin als bestehend ausgesagte Zustand oder die als bereits vollendet berichteten Ereignisse mit einem nachfolgenden Ereignisse etwa stehen, so mufs diese Satzanordnung insbesondere da als wirksame Einkleidung erscheinen, wo bei dem Hörer oder Leser derselbe Eindruck des Unerwarteten, Überraschenden hervorgebracht werden soll, den in der Wirklichkeit das unter dem Obwalten jener Umstände plötzlich eintretende Ereignis ausübte.«[2]

Auch in Nebensätzen erscheint in der älteren Latinität noch oft selbständiges Tempus, wo die spätere Sprache relatives anwendet. Vgl. Plaut. Trin. 194: *posticulum hoc recepit, quom aedes vendidit*.[3] Je weiter die Sprache fortschritt, um so mehr verloren die Nebensätze und mit ihnen die Tempora in derselben ihre Selbständigkeit.

Bekanntlich nahm der Gebrauch des Konjunktivs in den Nebensätzen denselben Entwickelungsgang: anfangs nur vereinzelt und nur in wenigen Satzarten regelmäfsig auftretend, gewann er immer mehr an Terrain. Es fragt sich, ob die Entwickelung der Relativität mit der Entwickelung des Konjunktivs in innerem Zusammenhange steht.

Von Hoffmann wird bekanntlich nur die in dem Konjunktiv der Nebentempora in Temporalsätzen zum Ausdruck kommende Relativität als eigentliche Relativität anerkannt; und wenn Lübbert auch nicht leugnet, dafs ein Ind. Impf. (und Plusq.) eine »Hinweisung auf die Zeit des Hauptereignisses« enthalten, also relativ sein kann, so nimmt er doch an, dafs es neben dieser allgemeinen Relativität eine »gesteigerte« Relativität, eine Relativität »im

---
[1] a. a. O. S. 70.   [2] a. a. O. S. 156.
[3] Vgl. Lübbert a. a. O. S. 60 f., Lattmann a. a. O. S. 40.

engsten und strengsten Sinne des Wortes« gebe, und dafs diese durch den Konjunktiv der Nebentempora ausgedrückt werde.¹ Wenn nun auch diese Hoffmann-Lübbertsche Lehre nur dem Bestreben ihr Dasein verdankt, den Konjunktiv nach erzählendem *cum* innerlich zu begründen, und demnach aufgegeben werden mufs, wenn nachgewiesen wird, dafs der Gebrauch des Konjunktivs auf diese Weise nicht erklärt werden kann, so möchte ich doch in derselben einen berechtigten Kern finden. Einen ähnlichen Unterschied, wie zwischen *cum eram Athenis* und *cum essem Athenis*, von denen das erste absolutes, das zweite relatives Tempus hat, finde ich zwischen *quod putabat* und *cum putaret*. In wirklichen Kausalsätzen d. i. solchen, welche auf die Frage: »Weshalb?« antworten, z. B. nach *idcirco* oder *non quo* ... *sed*, darf *cum* c. coni. ebensowenig stehen, wie in wirklichen Temporalsätzen. Freilich liegt hier nicht, wie in temporalen Sätzen, ein Hindernis vor, das Impf. in *quod putabat* als ein relatives aufzufassen; aber dieses *putabat* ist viel eher einer selbständigen Bedeutung fähig als der Konjunktiv in *cum putaret*. Es kommt dies daher, weil der Gedanke *quod putabat* (wie *cum eram*) noch eine gewisse Selbständigkeit bewahrt, während der Gedanke *cum putaret* (wie *cum essem*) seine Selbständigkeit verloren hat und nur noch als untergeordnetes Glied des Hauptsatzes empfunden wird; denn er bezeichnet ja nur einen Umstand der Handlung und kann deshalb durch ein Partizipium ersetzt werden. Es liegt hier also, um mit Lübbert zu reden, eine »Verringerung der Objektivität« vor, welche der Konjunktiv hervorgerufen hat. Dafs dieser Modus auch sonst eine solche Kraft besitzt, zeigen Fälle wie *Agesilaus non destitit, quibuscumque rebus posset, patriam iuvare* neben *quibuscumque rebus poterat, patriam iuvabat*. Denn auch in *iuvare* ist im Vergleich zu *iuvabat* die »Objektivität verringert«, die Selbständigkeit verloren gegangen.²

---
¹ a. a. O. S. 163 f.
² Ich stimme also Hale nicht zu, wenn er The *cum*-constr. p. 26 sq. die Stellen Phaedr. I, 16: *Ovem rogabat cervus . . at illa . . inquit* und I, 17: *Calumniator ab ove cum peteret canis . . dixit* vergleichend sagt: »In each case the situation is given, and, so far as tense alone goes, it is entirely immaterial whether one shall say *ovem rogabat*, or *ovem cum rogaret*, *cum peteret canis*, or *petebat canis* . . Difference there is, of course, in abundance, but that difference is not temporal.«

§ 2.

Das bezogene Perfekt in iterativen bezw. allgemeingültigen Nebensätzen und seine Tempusfolge.

Wenn es Caes. b. G. IV, 1, 4 sq. heifst: »*Quotannis singula milia armatorum bellandi causa ex finibus educunt. Reliqui, qui domi manserunt, se atque illos alunt*«, so steht hier, wie Lattmann a. a. O. S. 12 mit Recht Hoffmann gegenüber betont, das Perfekt *manserunt* lediglich infolge einer Beziehung auf das Präsens *alunt*; ohne eine solche Beziehung würde es geheifsen haben: *Reliqui domi manent; hi se atque illos alunt.*

Ist nun ein solches Perfekt, welches eine Handlung bezeichnet, die selbständig durch ein Präsens ausgedrückt sein würde, als ein Präteritum aufzufassen oder nicht? Natürlich wird diese Frage durch die von einem derartigen Perfekt hervorgerufene Tempusfolge entschieden.

Madvig[1] lehrt, dafs die Tempusfolge nach einem relativen Perfekt dieser Art die präsentische sei; Lieven[2] und Lattmann-Müller[3] erklären beide Arten der Tempusfolge gleichmäfsig für möglich; Herm. Lattmann[4] behauptet, dafs ein solches Perfekt, da es naturgemäfs nicht als ein Präteritum aufgefafst werden könne, sondern wie das übergeordnete Präsens eine Art von achronistischem Sinne erhalte, streng genommen die präsentische Tempusfolge erfordere, die demnach als das Regelmäfsige gelten müsse, dafs aber ausnahmsweise sich auch wohl die präteritale finde, für die er sich auf 4 Stellen bei Cicero (die von Lattmann-Müller bezw. Lieven angeführten) beruft.

Offenbar widerstrebt die präteritale Tempusfolge dem modernen Sprachgefühl. Deshalb sah Bentley in dem *sanaret* an der Stelle Tusc. IV, 24 einen Fehler gegen die cons. temp. und änderte es in *sanet*, und Mor. Seyffert spricht gar hinsichtlich derselben Stelle von einem »contra temporum rationem misere

---

[1] Lat. Sprachlehre § 383. A. 5.
[2] Die consec. temp. des Cicero. Progr. Riga. 1872. S. 17.
[3] Kurzgef. lat. Grammatik. 5. Aufl. § 117. 2.
[4] a. a. O. S. 63.

peccatum« und von einem »vitium foedissimum«, was ihn freilich nicht hindert, an der ganz ähnlichen Stelle Tusc. V, 39 die präteritale Tempusfolge als durchaus richtig zu verteidigen. Vgl. auch die von Hoffmann a. a. O. S. 73 gebilligte Bemerkung Orellis zu fam. XII, 30, 2.

Gleichwohl halte ich, wie ich dies bereits in meiner Dissertation p. 24 ausgesprochen habe, gerade die präteritale Tempusfolge für die regelmäfsige, da sich dieselbe durch zahlreiche Beispiele bei Cicero belegen läfst[1], und da der Konjunktiv der Haupttempora nirgends so vorkommt, dafs nicht auch jedes andere logische Perfekt ebenso behandelt sein könnte.

A. Präteritale Tempusfolge findet sich

1. nach indikativischen Temporalsätzen mit *cum*:

Tusc. IV, 24: *Nam cum est concupita pecunia nec adhibita continuo ratio quasi quaedam Socratica medicina, quae sanaret eam cupiditatem, permanat in venas etc.* inv. II, 32: *Ut enim animum alicuius improbare nihil attinet, cum causa, quare peccaret, non intercessit etc.* part. or. 46: *Dirigitur, cum proposuit aliquid, quod probaret, sumpsitque ea, quibus niteretur.*

2. nach indikativischen Bedingungssätzen:

Tusc. V, 39: *Hic igitur si est excultus et si eius acies ita curata est, ut ne caecaretur erroribus, fit perfecta mens etc.* Planc. 62: *sin autem emimus, quem vilicum imponeremus, quem pecori praeficeremus, nihil in eo nisi frugalitatem, laborem, vigilantiam esse curamus.* de or. III, 196: *At in his si paulum modo offensum est, ut aut contractione brevius fieret aut productione longius, theatra tota reclamant.* top. 20: *Si mulier, cum fuisset nupta cum eo, quicum conubium non esset, nuntium remisit, quoniam, qui nati sunt, patrem non sequuntur, pro liberis manere nihil oportet.* Vgl. top. 14. 76. Einmal mit dem indefiniten *qui*, nämlich Tusc. III, 64: *Si qui forte, cum se in luctu esse vellent, aliquid fecerunt humanius aut si hilarius locuti sunt, revocant se rursus ad maestitiam peccatique se insimulant, quod dolere intermiserint.*

---

[1] An mehreren Stellen ist freilich die präteritale Tempusfolge weniger befremdlich, weil die Darstellung selbst darauf hinweist, dafs an einen einzelnen bestimmten Fall gedacht ist, besonders in den fingierten juristischen Fällen, wie sie die rhetorischen Schriften mehrfach bieten.

3. nach konjunktivischen Bedingungssätzen:

off. III, 92: *Si quis medicamentum cuipiam dederit . . . pepigeritque, si eo medicamento sanus factus esset, ne illo medicamento umquam postea uteretur . . ., quid faciendum sit?* off. III, 93: *Si qui sapiens rogatus sit . . . idque se facturum promiserit, quod aliter heredem eum scripturus ille non esset, faciat, quod promiserit, necne?* Verr. II, 3, 119: *Si qui vilicus ex eo fundo, qui sestertia dena meritasset, excisis arboribus ac venditis . . . domino viginti milia nummum pro decem miserit, sibi alia praeterea centum confecerit, primo dominus ignarus incommodi sui gaudeat vilicoque delectetur.* Vgl. inv. II, 28. (Sest. 78.)

4. nach indikativischen Relativsätzen:

Tusc. II, 65: *Saepe multi, qui . . ut ius suum et libertatem tenerent, volnera exceperunt fortiter et tulerunt, iidem . . dolorem morbi ferre non possunt.* off. III, 107: *Quod enim ita iuratum est, ut mens conciperet fieri oportere, id servandum est.* de or. I, 241: *Num quis eo testamento, quod pater familias ante fecit, quam ei filius natus esset, hereditatem petit?* fam. XII, 30, 2: *gravius aegrotant ii, qui, cum levati morbo viderentur* (so ist mit Manutius und Ernesti zu lesen statt des handschriftlichen *videntur), in eum de integro inciderunt.* inv. I, 48: *Approbatum* (ist Adj.) *est, quod homines, cum dubium esset, quale haberi oporteret, sua constituerunt auctoritate.* Vgl. auch off. I, 71.

5. nach konjunktivischen Relativsätzen:

inv. II, 43: *utrum id facinus sit, quod paenitere fuerit necesse, quod spem celandi non haberet.* II, 93: *ut si qui eum accuset, qui, cum praetor esset, in expeditionem ad arma populum vocarit, cum consules essent.* de or. II, 134: *num poena videatur esse afficiendus, qui civem ex senatus consulto patriae conservandae causa interemerit, cum id per leges non liceret.*

6. nach Sätzen mit *ante . . quam*:

Q. fr. I, 1, 38: *Ante occupatur animus ab iracundia, quam providere ratio potuit, ne occuparetur.* off. I, 117: *Itaque ante implicatur aliquo certo genere cursuque vivendi, quam potuit, quod optimum esset, iudicare.* Ac. II, 8: *Nam ceteri primum ante tenentur adstricti, quam, quid esset optimum, iudicare potuerunt.* Zwar kein iteratives, aber doch auch kein gewöhnliches logisches Perfekt liegt vor Planc. 40: *Tu deligas . . . deinde effundas repente, ut ante consessum meorum iudicum videam, quam potuerim, qui essent futuri, suspicari?*

B. Der Konjunktiv der Haupttempora findet sich

1. in indirekten Fragesätzen:

Offenbar präsentischen Charakter und demgemäfs auch präsentische Tempusfolge hat das relative Perfekt an folgenden Stellen: fin. III, 66: *Membris utimur prius, quam didicimus (= scimus), cuius ea causa utilitatis habeamus.*[1] Caes. b. G. VI, 27, 4: *Quarum ex vestigiis cum est animadversum (= apparet) a venatoribus, quo se recipere consuerint, omnes eo loco ... accidunt arbores.*[2] or. 116: *Nisi .. convenit (= constat), quid sit ..., nec recte disseri nec umquam ad exitum perveniri potest.*[3] fin. V, 41: *Cum autem dispicere coepimus (= iam dispicimus) et sentire, quid simus et quid ab animantibus ceteris differamus, tum ea sequi incipimus, ad quae nati sumus.*[4] Ac. II, 110: *Non enim, quem ad modum, si quaesitum ex eo sit (= quaeratur), stellarum numerus par an impar sit, item, si de officio multisque aliis de rebus .., nescire se dicat.*[5]

An anderen Stellen ist absoluter Tempusgebrauch anzunehmen, der sich, wie ich in meiner Dissertation p. 17 sq. und p. 21 sq. zeigte, besonders in voraufgehendem Nebensatze[6], zuweilen aber auch in nachfolgendem[7] findet. fin. V, 24: *Cum*

---

[1] Vgl. rep. II, 64: *Nec tamen didici ex oratione tua ... qua disciplina .. conservare possimus.* Phil. II, 117 (s. oben S. 7).

[2] Vgl. nat. deor. III, 4: *A Balbo autem animadvertisti, credo, quam multa dicta sint.* inv. II, 64: *ergo una in constitutione intellectum est, quo modo ... fiant.*

[3] Vgl. fin. V, 89: *Sed cum constiterit inter doctos, quanti res quaeque sit etc.*

[4] Vgl. Att. XII, 12, 2: *institui cotidie mittere, ut eliciam tuas litteras* und fam. IX, 10, 3: *Nunc quaerere desierunt, quomodo perierit.*

[5] Vgl. nat. deor. I, 60: *auctore utar Simonide, de quo cum quaesivisset hoc idem tyrannus Hiero, deliberandi sibi unum diem postulavit; cum idem ex eo postridie quaereret, biduum petivit.*

[6] Vgl. Lael. 11: *Quam autem civitati carus fuerit, maerore funeris indicatum est.* Nep. Them. 2, 4: *Id quantae saluti fuerit universae Graeciae, bello cognitum est Persico.*

[7] Vgl. Verr. II, 1, 70: *Neque adhuc causam ullam excogitare potuit, quamobrem commiserit aut quid evenerit, ut in tantum periculum veniret.*

autem processit paulum et, quatenus quidquid se attingat ad seque pertineat, perspicere coepit, tum sensim incipit etc. de or. III, 31: *Haeret in causa semper et, quid iudici probandum sit, cum acutissime vidit, omissis ceteris argumentis in eo mentem orationemque defigit.* Verr. II, 3, 3: *Illi enim, antequam potuerunt existimare, quanto liberior vita sit eorum, qui neminem accusarint, gloriae causa atque ostentationis accusant.*

2. in abhängiger Rede:

Wie ich unten (§ 4) zeigen werde, kann nach jedem Präteritum in abhängiger Rede selbständiger Tempusgebrauch eintreten, also auch nach dem relativen Perfekt. fin. IV, 46: *Minime vero illud probo, quod, cum docuistis, ut vobis videmini, solum bonum esse, quod honestum sit, tum rursum dicitis etc.*[1] Tusc. III, 62: *Sed ad hanc opinionem magni mali cum illa etiam opinio accessit, oportere, rectum esse, ad officium pertinere ferre illud aegre, quod acciderit, tum denique efficitur illa gravis aegritudinis perturbatio.* inv. I, 93: *ut si qui, cum dixerit, qui virtutem habeat, eum nullius rei ad bene vivendum indigere, neget postea sine bona valetudine posse bene vivi.* de or. II, 163: *Quid enim est, in quo haereat, qui viderit omne, quod sumatur in oratione probandum, aut ex sua sumi vi atque natura aut adsumi foris?* top. 53: *Nam quid interest, cum hoc sumpseris, pecuniam numeratam mulieri deberi, cui sit argentum omne legatum, utrum hoc modo concludas etc.?*

Und auch in dem von Lattmann aus Cäsar angeführten Beispiele (b. G. VI, 23, 7: *ubi quis .. dixit se ducem fore, qui sequi velint, profiteantur, consurgunt etc.*) entsprechen die Präsentia *velint* und *profiteantur* ganz der bei ihm auch sonst so oft erscheinenden Repräsentation in der abhängigen Rede, die nach meiner Auffassung auf subjektiver Relativität beruht. Vgl. unten S. 29.

Präsentische Tempusfolge ist anzunehmen off. I, 66: *quarum una in rerum externarum despicientia ponitur, cum persuasum est nihil hominem, nisi quod honestum decorumque sit, aut admirari aut optare aut expetere oportere.*[2]

---

[1] Vgl. Att. X, 4, 4: *Recte in illis libris diximus nihil esse bonum, nisi quod honestum, nihil malum, nisi quod turpe sit.*

[2] Vgl. fam. VIII, 14, 2: *Caesari autem persuasum est se salvum esse non posse, si ab exercitu recesserit.* ad Brut. I, 16, 5.

3. **in adverbialen Absichtssätzen:**

In Absichtssätzen kommen selbst bei Cicero noch nach einem logischen Perfekt Haupttempora vor, wenn die Absicht als in der Gegenwart noch fortdauernd bezeichnet werden soll.[1] So sind nun auch folgende beiden Stellen zu erklären: div. II, 39: *Cum misimus, qui afferat agnum, quem immolemus, num is mihi agnus affertur, qui habet exta rebus accommodata?*[2] Man wird annehmen müssen, dafs mit *affertur* die ganze Zeit bezeichnet ist, in der der Bote mit dem Lamme unterwegs ist. Der Sinn ist: »Wenn ein von uns abgeschickter Bote den Auftrag hat, ein Lamm zu bringen u. s. w.« Flacc. 11: *Graecus testis cum ea voluntate processit, ut laedat, non iuris iurandi, sed laedendi verba meditatur.*

4. **in finalen Objektssätzen:**

Wenn das Perfekt präsentischen Charakter hat, so dafs bei demselben an das fait accompli, nicht an die vergangene Handlung gedacht ist, so folgen auch in finalen Objektssätzen Haupttempora. Das relative Perfekt findet sich so inv. II, 81: *Si hoc constitutum sit, ut peccata homines peccatis et iniurias iniuriis ulciscantur, quantum incommodorum consequatur!* inv. II, 101: *Quanta potestas peccandi relinquatur, si semel institutum sit, ut non de facto, sed de facti causu quaeratur.*[3] or. 60: *in quo cum effeceris* (»man«), *ne quid ineptum aut voltuosum sit, tum oculorum est quaedam magna moderatio.*[4] Dagegen ist an folgender Stelle das Haupttempus, wie in adverbialen Finalsätzen, daraus zu erklären, dafs die Absicht in der Gegenwart noch fortdauert: off. III, 93: *Si qui sapiens rogatus sit ab eo, qui eum heredem faciat . ., ut ante, quam hereditatem adeat, luce palam in foro saltet, idque se facturum promiserit . .., faciat, quod promiserit, necne?*

---

[1] Vgl. Rosc. Am. 32: *Etiamne ad subsellia cum ferro atque telis venistis, ut hic aut iuguletis aut condemnetis?* Att. IX, 4, 1: *Ne me totum aegritudini dedam, sumpsi mihi quasdam tamquam θέσεις, ut abducam animum a querelis* etc.

[2] Vgl. Plaut. Amph. 195: *Me a portu praemisit, haec ut nuntiem uxori suae.*

[3] Vgl. off. III, 23: *eodem modo constitutum est, ut non liceat sui commodi causa nocere alteri.* Rosc. com. 24. rep. III, 34.

[4] Vgl. div. II, 147: *effectum est, ut nihil prorsus somniis tribuendum sit.* dom. 118: *etsi in eo providisti, ne frater te accusare possit.*

5. in Folgesätzen:
Dafs hier Haupttempora nach einem Präteritum sehr gewöhnlich sind, ist bekannt. Caes. b. G. VI, 18, 3: *Suos liberos, nisi cum adoleverunt, ut munus militiae sustinere possint, palam ad se adire non patiuntur.* Ac. II, 40: *quae visa sunt eiusmodi, ut in iis nihil intersit, non potest accidere etc.* fin. III, 58: *Est autem officium, quod ita factum est, ut eius facti probabilis ratio reddi possit.* fin. III, 68. IV, 75. Tusc. III, 28. div. I, 125. II, 15.

6. in qualitativen Relativsätzen:
Bereits Lieven[1] hat darauf hingewiesen, dafs diese Sätze nach Präteritis an die cons. temp. nicht gebunden sind. Ac. II, 23: *Nullo igitur modo fieri potest, ut quisquam tanti aestimet aequitatem . . ., nisi iis rebus assensus sit, quae falsae esse non possint.* Ac. II, 127: *Si vero aliquid occurrit, quod veri simile videatur, humanissima completur animus voluptate.* Ac. II, 127: *praeclare agi secum putet, si . . ., veri simile quod sit, invenerit.* fin. I, 56: *gaudere . ., etiamsi voluptas ea, quae sensum moveat, nulla successerit.* Tusc. V, 98: *Quae (bestiae), ut quicquid obiectum est, quod modo a natura non sit alienum, eo contentae non quaerunt amplius.* Tusc. IV, 12: *Quamobrem simul obiecta species est cuiuspiam, quod bonum videatur, ad id adipiscendum impellit ipsa natura.* off. III, 15: *Cum autem aliquid actum est, in quo media officia compareant, id cumulate videtur esse perfectum.* off. I, 154: *Quis enim est tam cupidus . ., ut si ei . . subito sit allatum periculum discrimenque patriae, cui subvenire opitularique possit, non illa omnia relinquat atque abiciat?* (Dagegen würde Cluent. 158 unabhängig der Indikativ stehen; die Stelle gehört also nicht hierher.)

Auch mit dem von einem Präsens abhängigen Part. Perf. verbinden sich Haupttempora ganz in derselben Weise, wie mit einem gewöhnlichen logischen Perfekt. Tusc. III, 58: *Ratio quaedam sanat illos, hos ipsa natura intellecto eo, quod rem continet, illud malum, quod opinatum sit esse maximum, nequaquam esse tantum, ut vitam beatam possit evertere.* (Präsentisches Perfekt oder selbständiges Tempus der abhängigen Rede.) Tusc. V, 42: *Quid? ad hanc fortitudinem, de qua loquimur, temperantia adiuncta, quae sit moderatrix omnium commotionum, quid potest ad beate vivendum*

---
[1] a. a. O. S. 6 und S. 45. Vgl. Q. fr. I, 1, 7: *Ea autem adhibita doctrina est, quae vel vitiosissimam naturam excolere possit.*

deesse etc.? (Selbständiges Tempus in qualitativem Relativsatze.)[1] — An der Stelle fin. III, 19: *constituto autem illo, de quo ante diximus, quod honestum esset, id esse solum bonum, intellegi necesse est etc.* ist wohl einfacher mit Madvig Beziehung auf *diximus* anzunehmen. — Auch der Inf. Perf., der einem relativen Ind. oder Konj. Perf. entspricht, wird in derselben Weise behandelt. Vgl. Ac. II, 33: *Ut si quis quem oculis privaverit, se dicat ea, quae cerni possent, se ei non ademisse,* wo *ademisse* offenbar denselben temporalen Wert hat wie *privaverit*.

Damit, dafs das relative Perfekt in iterativen Sätzen präteritale Tempusfolge hat, stimmt es, wenn auch ein Indikativ eines Präteritums auf ein solches Perfekt bezogen vorkommt; z. B. Flacc. 33: *Crimen autem tum videri solet, cum aliquis sumptus instituit eos, qui antea non erant instituti.*

§ 3.

Objektive und subjektive Relativität.

Hale behauptet, dafs der Standpunkt (point of view) des Redenden, von dem aus er eine Handlung betrachtet, je nach dem Tempus des Satzes ein dreifacher sein könne, indem derselbe entweder in der Vergangenheit oder in der Gegenwart oder in der Zukunft liege.[2]

---

[1] Die Stelle Ac. II, 44: *Nam concludi argumentum non potest nisi iis, quae ad concludendum sumpta erunt, ita probatis, ut falsa eiusdem modi nulla possint esse* ziehe ich nicht hierher, da *sumpta erunt* darauf hinweist, dafs *probatis* für ein unabhängiges Fut. ex. steht, so dafs hier *potest* als futurischer Ausdruck gelten mufs; vgl. Lael. 82.

[2] Am. Journ. of Philol. VIII p. 67: »With certain exceptions, each tense of the indicative indicates to the hearer two things, the stage of advancement of the action (whether it be complete, in process, or yet to be), and the position in time of the point of view from which the act is regarded (whether it be somewhere in the past, at the moment of speaking, or somewhere in the future). In each of the three verbs *(domus) aedificata erat, aedificata est, aedificata erit,* the house is presented in a completed state, the point of view alone changing.«

Lattmann tritt dieser Lehre Hales entschieden entgegen, indem er a. a. O. S. 51 sagt: »Der Standpunkt des Redenden ist nur einer, und dieser liegt stets in dem Augenblicke, welcher für ihn Gegenwart ist. Von ihm aus bestimmt er ja gerade Vergangenheit wie Zukunft .... Ein Präteritum oder ein Futurum bezeichnet einen Zeitpunkt, auf welchen der Redende von seinem Standpunkte aus, den er Gegenwart nennt, hinweist, ... einen Gesichtspunkt, auf welchen man hinblickt, welchen man ins Auge fafst.«

Insoweit nun diese Meinungsverschiedenheit die bezogenen Tempora betrifft, kann man sagen, dafs Hale eine subjektive, Lattmann dagegen eine objektive Relativität annimmt. Denn in dem ersteren Falle betrachtet der Sprechende eine Handlung von einem Standpunkte, auf den er sich versetzt denkt, in dem letzteren von dem Standpunkte, auf dem er wirklich steht.

Wer hat nun recht? —

Hinsichtlich des oben (§ 1) behandelten bezogenen Gebrauchs des Imperfekts und Plusquamperfekts zunächst ist Lattmann offenbar im Rechte, da ohne einen festen Standpunkt in der Gegenwart von einer Vergangenheit keine Rede sein kann.[1] Auch das in dem Imperfekt und Plusquamperfekt ursprünglich enthaltene Augment bestätigt die Auffassung Lattmanns, wenn es, wie Bopp und Curtius annehmen, »da« bedeutet; denn dieses »da« wäre doch ein hinweisendes Adverbium. Von den nachher zu machenden Einschränkungen abgesehen, stimme ich Lattmann durchaus zu, wenn er S. 45 f. sagt: »Für den Sprechenden ist Gegenwart immer der Zeitpunkt, in welchem er spricht. Sein Standpunkt ist stets in der Gegenwart; hier steht er wie auf einer Brücke, von der er rückwärts auf die Vergangenheit und vorwärts auf die Zukunft schaut. Von hier aus weist er die Handlungen entweder nur dieser oder jener Zeitsphäre zu (durch die aoristischen Tempora), oder er bezeichnet sie zugleich, indem er irgend einen Zeitpunkt ins Auge fafst, sei es den der Gegenwart oder einen der Vergangenheit oder Zukunft angehörigen, als zu diesem Zeitpunkte vollendete, dauernde oder bevorstehende.«

---

[1] Auch Hoffmann a. a. O. S. 81 nennt Impf. und Plusq. »Formen, in welche die betr. Handlung vom Standpunkte des Sprechenden aus gekleidet ist.«

In ganz entsprechender Weise nun, wie wir in Sätzen wie: *In urbem heri redii, ubi amicus me exspectabat* oder: *In urbem heri redii, quo amicus advenerat* in dem Verbum des Nebensatzes objektive Relativität erkennen, müssen wir eine solche natürlich auch in folgenden Sätzen annehmen: *In urbem cras redibo, ubi amicus me exspectabit* oder: *In urbem cras redibo, quo amicus advenerit*.

Es ist indes zu beachten, dafs, wenn die Relativität eine objektive sein soll, der Satz mit dem relativen Tempus keinen integrierenden Teil des Hauptsatzes bilden darf, dafs dieser also auch ohne jenen seine volle Bedeutung hat. Keine objektive Relativität liegt also z. B. in folgenden Sätzen vor: *Ubi tempus postulabat, tibi succurrebam. Ubi gallus cecinerat, surgebamus. Naturam si sequemur ducem, numquam aberrabimus. Ut sementem feceris, ita metes.* Welche Art von Beziehung hier anzunehmen ist, wird unten in § 6 erörtert werden.

Die objektive Relativität beruht, wie wir oben S. 9 f. sahen, darauf, dafs eine Handlung nicht in ihrer ganzen Ausdehnung betrachtet wird, sondern dafs eine Determination auf einen bestimmten, durch das Verbum des Hauptsatzes bezeichneten Zeitpunkt stattfindet. Daraus folgt, dafs es für die Gegenwart eine objektive Relativität nicht giebt. Denn die Gegenwart ist eigentlich nur ein Moment, der Moment des Sprechens bezw. Schreibens; bei derselben ist also eine nähere Determination durch die grammatische Beziehung im Grunde gar nicht mehr möglich; jedes Präsens (wie auch das logische Perfekt) enthält in sich schon eine derartige Determination. Wenn es also heifst: *In urbem redeo, ubi amicus me exspectat* oder: *In urbem redeo, quo amicus advenit*, so sind *exspectat* und *advenit* ebenso selbständig, wie *redeo*. Alle drei Verba gelten eigentlich zunächst nur von dem Zeitpunkte des Sprechens.

Wenn Hale[1] in dem Satze Catil. I, 2: *O tempora, o mores! Senatus haec intellegit, consul videt: hic tamen vivit* eine

---

[1] Am. Journ. of Phil. IX p. 170. Hale nennt in diesem durch eine Entgegnung von Prof. Gildersleeve ebd. VIII p. 228 sqq. veranlafsten »Supplementary Paper« das »relation«, was er The *cum*-constr. p. 20 nur als »practical relativity« bezeichnet. S. oben S. 2. Nach dem S. 11 Gesagten nehme ich auch an der Juvenalstelle selbständiges Tempus an.

Beziehung des *intellegit* und *videt* auf *vivit* findet, weil hier in der Zeitsphäre der Gegenwart dasselbe Verhältnis stattfindet, wie in der Zeitsphäre der Vergangenheit etwa in dem Satze Iuv. 4, 58 sq.:
*Stridebat deformis hiems praedamque recentem
Servabat; tamen hic properat* —,
so übersieht er, dafs das grammatisch-logische Verhältnis mit der temporalen Beziehung nicht zusammenfällt. — Nun giebt es aber auch in der Zeitsphäre der Gegenwart eine temporale Beziehung. Das in § 2 behandelte, die Vorzeitigkeit bezeichnende Perfekt in iterativen bezw. allgemeingültigen Sätzen ist jedenfalls ein bezogenes Tempus. Die durch dasselbe ausgedrückte Handlung ist aber nicht vom Standpunkte des Sprechenden aus betrachtet. Denn die präteritale Tempusfolge, die, wie ich in § 2 zeigte, als die regelmäfsige gelten mufs, läfst sich, wie Lattmann selbst S. 64 zugesteht, nur so erklären, dafs der Sprechende sich einen einzelnen Fall als gegenwärtig denkt und von diesem Standpunkte aus (also nicht vom Standpunkte der wirklichen Gegenwart, der Zeit des Sprechens) die Handlung des Nebensatzes betrachtet, die natürlich, von einem solchen Standpunkte aus angesehen, als eine vergangene erscheint. Lattmann sagt S. 5 f. selbst sehr richtig: »Worin liegt denn der Unterschied, wenn der Lateiner sagt: ,*Quotiens cecidit, surgit*', wir: ,So oft er fällt, steht er auf'? Doch in nichts anderem, als dafs jener sich allein in den Zeitpunkt des Aufstehens hineinversetzt und von diesem aus auch die Handlung des Fallens betrachtet, wodurch diese ihm im Vergleich zu jener als vollendet erscheint, während wir uns einmal in den Augenblick des Fallens und sodann in den Augenblick des Aufstehens hineindenken, ohne vom Standpunkte der einen Handlung aus zeitlich auf die andere Bezug zu nehmen.« Nicht die Zeit des Sprechens, sondern die Zeit der Handlung des Hauptsatzes bildet hier also den Standpunkt, von dem aus der Sprechende die Handlung des Nebensatzes betrachtet. Mithin ist hier die Relativität eine subjektive, nach dem jedesmaligen gedachten Standpunkte des Sprechenden sich richtende, keine objektive, durch den wirklichen Standpunkt desselben fest bestimmte.

Diese subjektive Relativität erscheint neben der objektiven bei dem Praesens historicum. Bekanntlich findet sich hier sowohl präteritale als präsentische Tempusfolge.[1] Vgl. Caes. b. G. IV, 21, 9: *Volusenus . . quinto die ad Caesarem revertitur, quaeque ibi perspexisset, renuntiat* mit Nep. Them. 8, 2: *(Them.) domino navis, qui sit, aperit*. Die präsentische Tempusfolge tritt besonders da ein, wo die Nebenhandlung sehr eng mit der Haupthandlung zusammenhängt.[2] In beiden Arten der Tempusfolge haben wir bezogenen Tempusgebrauch. Indes ist bei präteritaler consecutio die Handlung des Nebensatzes vom Standpunkte der Gegenwart betrachtet, und die in Wirklichkeit der Vergangenheit angehörende Handlung des Hauptsatzes ist der Punkt, auf den der Sprechende hinblickt (objektive Relativität); bei präsentischer Tempusfolge ist die Handlung des Nebensatzes vom Standpunkt der Zeit der Handlung des Hauptsatzes betrachtet, in die sich der Sprechende im Geiste lebhaft versetzt denkt (subjektive Relativität).[3]

Das gilt sowohl von indikativischen als von konjunktivischen Nebensätzen bei übergeordnetem Praes. hist. Da die indikati-

---

[1] Vgl. besonders Hoffmann, Studien auf dem Gebiete der lat. Syntax (Wien, 1884) und Hug, Rhein. Mus. 1885 S. 397 ff. Eine kurze Geschichte dieser Frage giebt auch Ihm in der Berl. philol. Wochenschr. 1888. Nr. 2—4.

[2] Das ist die richtige, von Hug a. a. O. S. 409 gebilligte Auffassung Kluges Phil. Rundschau 1884. Nr. 35. Dafs daneben für gewisse Fälle der Stellung des Nebensatzes vor oder nach dem Hauptsatze ein bestimmender Einfluss beigelegt werden muss, beruht, wie Hug a. a. O. S. 414 zeigt, auf einem psychologischen Grunde und entbehrt nicht, wie Hoffmann a. a. O. S. 4 meint, »jeder inneren Raison«. Offenbar scheute sich der Lateiner, »mit einem blofsen Nebensatze, der als Satz und nicht blofs als Satzteil noch gefühlt wurde«, die Präsenskonstruktion beginnen zu lassen, da »nur eine Haupthandlung von selbständigem Interesse« die starke Lebhaftigkeit der Empfindung, die den Gebrauch der Haupttempora veranlafst, hervorzubringen im stande ist.

[3] Dafs diese subjektive Relativität sich nicht mit der den Gedanken des Subjekts bezeichnenden Obliquität deckt, die ja im Konjunktiv der Nebentempora ebensogut ihren Ausdruck findet wie im Konjunktiv der Haupttempora, zeigt Hoffmann gegenüber treffend Hug a. a. O. S. 405. Damit läfst sich indes, wie auch Hug zugiebt, recht wohl die Auffassung vereinigen, dafs nach einem Praes. hist. die präsentische Tempusfolge zum Ausdruck der Obliquität geeigneter sei als die präteritale. Denn eine lebendige Zurückversetzung in die Zeit der Handlung, wie sie die präsentische consecutio voraussetzt, tritt naturgemäfs besonders da ein, wo man das lebendige Interesse an den Gedanken des Subjekts wirken lassen will.

vischen Nebensätze indes im allgemeinen eine gröfsere Selbständigkeit haben als die konjunktivischen, so erscheint hier mehr die objektive Relativität, d. h. es stehen die Nebentempora. Vgl. Nep. Timoth. 3, 4: *eo, unde erat profectus, se recipit.* Dat. 4, 5: *Pisidas cum eis, quos secum habebat, ad resistendum Aspis comparat.* Subjektive Relativität dagegen liegt m. E. vor in den mit *postquam, simulatque, ubi, ut* eingeleiteten Temporalsätzen. Vergl. Caes. b. G. I, 7, 3: *Ubi de eius adventu Helvetii certiores facti sunt, legatos ad eum mittunt.* Liv. I, 12, 3: *Ut Hostius cecidit, confestim Romana inclinatur acies.* Virg. Aen. VIII, 541: *Haec ubi dicta dedit, solio se tollit ab alto.* Auch Lattmann S. 87 f. erkennt in dem Ind. Perf. in solchen Sätzen den Ausdruck der Antecedenz zu dem Präsens des Haupsatzes, während Kühner[1] und Draeger[2] das Perfekt als ein historisches ansehen. Nur bleibt uns Lattmann den Beweis für seine richtige Vermutung schuldig. Derselbe dürfte folgendermafsen zu führen sein.

In der älteren Latinität findet sich *cum* c. ind. perf., wo in der klassischen Sprache das erzählende *cum* c. conj. impf. stehen würde. Vgl. die oben S. 12 citierte Stelle Plaut. Trin. 194.[3] Offenbar ist das Perfekt an solchen Stellen ein historisches oder aoristisches. Wenn nun also das historische Perfekt bei *cum* von solchen Handlungen vorkommt, die beim Eintritt der Handlung des Hauptsatzes noch fortdauern[4], so müfsten, wenn das Perf. auch bei *postquam, simulatque, ubi, ut* als historisches Perfekt angesehen werden müfste, offenbar auch hier derartige gleichzeitige Handlungen durch den Ind. Perf. ausgedrückt werden können. Statt dessen findet sich die Erscheinung, dafs gleichzeitige Handlungen nach diesen Konjunktionen bei übergeordnetem Praes.

---

[1] Ausführl. Gramm. der lat. Spr. § 207, 2.
[2] Hist. Syntax der lat. Spr. 2. Aufl. § 502, 1. a.
[3] Lübbert a. a. O. S. 60 weist darauf hin, dafs Nonius diese Stelle zweimal citiert, einmal genau nach dem Texte, das andere Mal in der Fassung, wie sie der Syntax der späteren Zeiten geläufig gewesen sein würde: *quom aedes venderet.*
[4] Wegen dieses prinzipiellen Unterschiedes zwischen *cum* und den anderen Temporalkonjunktionen stimme ich Lattmann nicht zu, wenn er S. 88 auch nach *cum* den Ind. Perf. bei übergeordnetem Praes. hist. als bezogen auffafst. Es ist vielmehr hier aoristisches oder historisches Perfekt und kommt deshalb auch, wenn auch selten, bei gleichzeitigen Handlungen vor.

hist. (wie auch bei übergeordnetem Perf. hist., was wohl auf Analogie zurückgeführt werden mufs) durch das Präsens, vollendete durch das Perfekt ausgedrückt werden. Hinsichtlich des Gebrauchs der Verba *ire, scire, rescire, aspicere, videre* u. ä. in der älteren Latinität hat dies Lange[1] nachgewiesen. Vgl. Plaut. Aul. 700: *Ubi ille abiit* (nach dem Weggange), *ego me deorsum duco de arbore* mit Plaut. Mil. 178: *Ubi abit* (beim Weggehen), *conclamo . . Ille mihi abiens ita respondit;* ferner Curc. 595: *Quae ubi med hunc habere conspicatast anulum, rogat, unde habeam* mit Cas. 769: *Ubi illum saltum video obseptum, rogo ut sinat me ire altero.* Beachtenswert ist Trin. 108: *Nam postquam hic eius rem confregit* (nachdem er verprafst hatte) *filius videtque* (und als er sah) *ipse ad pauperiem protractum esse se . . ., mihi commendavit virginem.* Auch für die klassische Latinität gilt dieses Gesetz. Gleichzeitige Handlungen werden nach *postquam, ubi* u. ä. nur dann, wenn der Nebensatz eine gewisse Selbständigkeit besitzt, durch den Ind. Impf. ausgedrückt, sonst aber durch das Präsens.[2] Bei Caesar sind es folgende Stellen[3]: b. civ. II, 11, 2: *id ubi vident (= cum viderent), mutant consilium;* II, 42, 1: *Curio ubi . . . intellegit (= cum intellegeret), signa inferri iubet;* II, 16, 1: *Quod ubi hostes viderunt*[4] *. . eodemque exemplo sentiunt . . parique condicione . . intellegunt, ad easdem deditionis condiciones recurrunt (= cum vidissent . . . sentirent . . intellegerent);* b. G. II, 9, 2: *ubi neutri transeundi initium faciunt, Caesar suos in castra reduxit (= cum facerent).* In Ciceros Reden finden sich sechs Beispiele, und zwar alle mit dem Verbum *videt:* Verr. II, 2, 61. 92. 4, 32. 66. 5, 103. Caecin. 19. Auch bei anderen Schriftstellern sind es hauptsächlich Stellen mit *videt* und *intellegit.* Die Belege bei Sallust, Vellejus und Tacitus findet man bei Ihm,

---

[1] De sententiarum temporalium ap. priscos scr. Lat. syntaxi. Particula I. (Breslauer Diss. 1878) p. 17 sqq. Freilich hält auch Lange das Perfekt für ein historisches.

[2] Vgl. Hoffmann a. a. O. S. 12. Dahl, die lat. Partikel *ut* (Kristiania 1882) S. 134 f.

[3] Die Stellen entnehme ich Procksch, die cons. temp. bei Cäsar (Progr. Eisenberg 1874) S. 6.

[4] Das Verbum *videre* (und *intellegere*) wird bald als gleichzeitig, bald als vorzeitig aufgefafst. Vgl. u. a. fin. II, 38. IV, 4 mit fin. IV, 42. Tusc. V, 91. Beide Auffassungen finden sich in einem Satze vereinigt nat. deor. II, 95.

quaest. synt. p. 39 sqq. zusammengestellt. Das Perf. Ind. bezeichnet dagegen stets die Vorzeitigkeit.[1] (Die Ansicht von Procksch, das Praes. hist. stände in diesen Fällen wegen besonders lebhafter Erzählung, ist also nach dem Gesagten unnötig.) Auch bei *antequam* und *priusquam* steht zur Bezeichnung vollendeter Handlungen beim Praes. hist. das Perf. Vgl. unten § 7, B.

Der Einwand, den man gegen diese meine Auffassung erheben könnte, dafs in diesem Falle nach *postquam*, *simûlatque*, *ubi*, *ut*, wie auch nach *antequam* die Antecedenz zum Ausdrucke käme, die doch bei übergeordnetem Perf. hist. nicht ausgedrückt wird, findet unten in § 6 seine Erledigung.

Auch in anderen indikativischen Nebensätzen, besonders in Relativsätzen, findet sich bei übergeordnetem Praes. hist. das Perfekt infolge subjektiver Relativität. So erkläre ich folgende Stellen, die Procksch a. a. O. S. 4 aus Caesar gesammelt hat: b. Gall. III, 6, 1: *Quod iussi sunt, faciunt;* V, 28, 1: *quae audierunt, deferunt;* 44, 4: *quaeque .. est visa, irrumpit*[2]*;* VII, 84, 2: *quae .. visa est, huc concurritur;* b. civ. II, 25, 7: *quo imperatum est, transeunt;* b. c. I, 36, 3: *frumenti quod inventum est, conferunt;* VI, 30, 1: *Basilus, ut imperatum est, facit;* b. c. II, 22, 5: *arma, ut est imperatum, proferunt;* b. c. I, 2, 8· *ut quisque acerbissime dixit, ita maxime collaudatur;* b. c. I, 75, 2: *quos deprendit, interficit,* wo Procksch und Hug a. a. O. S. 408 *deprendit* mit Unrecht für ein Praes. halten.[3] Vgl. auch Cic. Verr. II, 4, 62: *Mittit . . vini quod visum est.*

---

[1] Vgl. Dahl a. a. O. S. 130. Dagegen spricht nicht Caes. b. G. I, 5, 2: *Ubi iam se ad eam rem paratos esse arbitrati sunt, . . incendunt.* Denn *arbitrari* hat in diesem Falle eine ingressive Bedeutung. Hieraus erklärt sich auch der häufige Gebrauch des Part. Perf. *arbitratus* neben *arbitrans*. Vgl. auch Cic. Ac. II, 106: *posteaquam credidit, oblitus est.* Tac. Hist. II, 13: *cum credidissent.* Hor. carm. III, 5, 1. Epist. I, 2, 5. Nep. Them. 1, 3: *cum indicasset.* Vgl. Uppenkamp, de temp. usu quaest. gramm. (Progr. Düsseldorf 1861) p. 2 sqq.

[2] Dafs bei *videri* (ebenso wie beim Aktiv *videre*) bald die Vorzeitigkeit, bald die Gleichzeitigkeit ausgedrückt wird, soll unten in § 9 gezeigt werden.

[3] Procksch führt noch VII, 57, 3, Hoffmann, Studien S. 32 Anm. 44 ebenfalls einige Stellen an, wo das Perf. aber offenbar ein historisches, also selbständiges ist. Dieselben halten nämlich das Perf. in dem in Rede stehen-

Natürlich mufs dann auch das Praes. Ind. in Nebensätzen bei übergeordnetem Praes. hist., soweit es nicht als eigentliches (nicht historisches) Präsens selbständig gebraucht ist, als subjektiv bezogenes Tempus gelten. Wie Hug[1] zuerst gezeigt hat, kommt ein solches vor in Relativsätzen mit *quam* und dem Superlativ und in korrelativen Sätzen mit *quantum* . . *tantum*, *quicumque* u. s. w. Etwas erweitert ist das Gebiet dieses Präsens von Hoffmann, Studien S. 35 ff., der, wie Hug anerkennt, „den Begriff der Korrelation und Koincidenz weiter und tiefer gefafst hat."[2] Vgl. Caes. b. G. VII, 43, 4: *quam mitissime potest, legatos appellat.* VII, 63, 2: *quantum gratia . . valent, ad sollicitandas civitates utuntur.* V, 40, 6: *quaecumque . . opus sunt, noctu comparantur.* III, 9, 3: *quae ad usum navium pertinent, providere instituunt.* b. civ. II, 20, 8: *quod penes eum est pecuniae, tradit.*

Welche Fingerzeige dieser Tempusgebrauch bei dem Praes. hist. für die Auffassung der Koincidenz und Kongruenz, wie überhaupt für die Umgrenzung des Gebietes der subjektiven Relativität giebt, werden wir unten sehen.

Wenn wir den Konjunktiv der Haupttempora in der von einem Praes. hist. abhängigen or. obliqua nach dem Gesagten auf subjektive Relativität zurückführen müssen, so gilt ein Gleiches von dem bei Caesar und anderen Historikern oft vorkommenden Konj. der Haupttempora in der or. obl. nach einem Perf. hist.; z. B. Caes. b. G. IV, 7, 2: *legati ab his venerunt, quorum haec fuit oratio: Germanos neque priores populo Romano bellum inferre neque tamen recusare, si lacessantur, quin armis contendant . . .; si suam gratiam Romani velint, posse iis utiles esse amicos; vel sibi agros attribuant vel patiantur eos tenere, quos armis possederint.* IV, 8: *exitus fuit orationis: sibi nullam cum his amicitiam esse posse, si in Gallia remanerent; neque verum esse, qui suos fines tueri non potuerint, alienos occupare; neque ullos in*

---

den Falle für ein aoristisches bezw. historisches. Nur betreffs der Stelle b. civ. I, 2, 8 erkennt Hoffmann an, dafs kein hist. Perf., sondern »vielmehr ein korrelatives Satzgefüge« vorliegt. Indes nimmt er auch hierbei absoluten Tempusgebrauch an. Dafs die Stelle IV, 21, 9, die Procksch noch anführt, nicht hierher gehört, hat Hoffmann richtig bemerkt.

[1] Neue Jahrbb. f. Philol. 1860. Bd. 81. S. 879.
[2] Rhein. Museum 1885. S. 408.

Gallia vacare agros, qui dari tantae praesertim multitudini sine iniuria possint; sed licere, si velint, in Ubiorum finibus considere, quorum sint legati apud se et de Sueborum iniuriis querantur et a se auxilium petant. Und so sehr oft. Ganz richtig bemerkt Lattmann S. 141 über diesen Gebrauch: „Der Redende versetzt sich, sei es von einem gewissen Punkte ab, sei es nur vorübergehend, mit seinem zeitlichen Standpunkte in die Seele der von ihm sprechend eingeführten Person . . und bestimmt von diesem Standpunkte aus, der für ihn jetzt Gegenwart ist, sowohl den Wert der Infinitive wie die selbständigen Zeiten der Nebensätze." In Bezug auf diese Fälle giebt er Hale zu, dafs der Standpunkt des Redenden nicht der Zeitpunkt des Sprechens ist. Wenn nun aber Lattmann meint, es läge hier ein selbständiger Gebrauch der Zeiten vor, weil die Tempora „nicht durch Beziehung auf ein anderes Verbum (finitum) bestimmt werden", so übersieht er, dafs nicht das Verbum finitum, sondern die durch dasselbe ausgedrückte Handlung oder vielmehr die Zeit derselben das Bestimmende ist. Wenn wir keine Verwirrung hervorrufen wollen, so dürfen wir selbständigen Tempusgebrauch nur da annehmen, wo die Tempora von dem wirklichen (nicht dem gedachten) Standpunkte des Sprechenden, d. h. von der Gegenwart oder dem Zeitpunkte des Sprechens bezw. Schreibens, beftimmt sind. Wirklich selbständige Zeiten in der or. obliqua kommen ebenfalls vor, und in § 4 werde ich zeigen, dafs Cicero nur Haupttempora dieser Art in der von einem Präteritum abhängigen Rede kennt.

Denselben subjektiv-relativen Tempusgebrauch nach einem Präteritum finden wir bei den Historikern auch in Finalsätzen.[1] Vgl. Caes. b. civ. III, 20, 5: *legem promulgavit, ut sexenni die sine usuris creditae pecuniae solvantur.* Liv. III, 28, 1: *Dictator . . . tribunis militum imperavit, ut sarcinas in unum conici iubeant* etc.

Schon hieraus ersieht man, dafs ich das von Lattmann-Müller, wie H. Lattmann S. 48 sich ausdrückt, »mit richtigem empirischem Takte aufgestellte hochwichtige Gesetz, dafs nur Tempora gleicher Zeitsphären auf einander bezogen werden können«, nicht anerkenne. Als charakteristisches Merkmal der subjektiven Relativität ergiebt

---

[1] Vgl. Hoffmann, Studien S. 11 ff.

sich dagegen, dafs das subjektiv-relativ gebrauchte Tempus an sich nichts besagt über die Zeit, welcher (vom Standpunkte der Gegenwart aus betrachtet) die Handlung wirklich angehört. Nur wenn das Hauptverbum ein eigentliches Präsens ist und etwas Gegenwärtiges bezeichnet, entsprechen auch die subjektiv-relativen Tempora der wirklichen Zeit. Sehr deutlich wird die Sache, wenn wir den von einem Futurum abhängigen Konjunktiv und Infinitiv (bezw. Partizipium) des Perfekts betrachten.

Ein von einem Futurum abhängiger Konjunktiv oder Infinitiv (wie auch ein Part.) des Perfekts kann eine dreifache Bedeutung haben, wenn wir die Handlung vom Standpunkte der Gegenwart aus betrachten. Wenn ich sage: *Confitebere aliquando, quam vehementer erraveris* oder *Confitebere aliquando te vehementer erravisse,* so kann das *errare* der Vergangenheit, der Gegenwart oder der Zukunft angehören. Mithin besagt das Perf. *erraveris* bezw. *erravisse* nur, dafs in dem Augenblick des *confiteri* das *errare* etwas Vergangenes ist; mit anderen Worten: es liegt auch hier eine subjektive Relativität vor. Welcher Zeit das *errare* in jedem einzelnen Falle wirklich angehört, das entscheidet der Zusammenhang.

Lattmann, der hiervon nichts wissen will und in der Verbalform selbst die Zeit ausgedrückt findet, welcher die Handlung, vom Standpunkte der Gegenwart aus betrachtet, zugewiesen werden mufs, widerlegt sich selbst, indem er den zweiten Fall, dafs die Handlung der Gegenwart angehört, ganz ignoriert — ignorieren mufs — und nur die beiden Fälle, dafs die Handlung der Vergangenheit oder der Zukunft angehört, berücksichtigt.

Wenn die Handlung der Vergangenheit angehört, nimmt Lattmann selbständigen Gebrauch des Konjunktivs[1] bezw. Infinitivs[2] (od. Partiz.) Perf. an; wenn sie der Zukunft angehört, so ist nach ihm der Konj. Perf. als Konj. Fut. ex.[3] und der Inf. Perf. als Inf. Fut. ex. aufzufassen.[4]

Auch das letztere bestreite ich. Wohl giebt es einen Konj. Perf., der ein Fut. ex. vertritt und daher keine präteritale Tempusfolge duldet, nämlich in abhängiger Rede, wenn in dem über-

---

[1] a. a. O. S. 58.   [2] a. a. O. S. 130 ff.   [3] a. a. O. S. 58.
[4] a. a. O. S. 128, wo die Gleichung aufgestellt wird: In *scripsisse videbitur* ist *scripsisse* = *scripserit*.

geordneten Satze ein Inf. Fut. oder ein etwas Zukünftiges bezeichnender Konj. Praes. steht. Aber der in Rede stehende, von einem Ind. Fut. abhängige Konj. bezw. Inf. Perf. ist anderer Art, und es können deshalb auf ihn, geradeso wie auf das relative Perfekt in iterativen Sätzen, Präterita bezogen sein. Vgl. Auct. ad Her. II, 8: *quaeretur, num visus sit, cum faciebat.* Ebd. 13: *Deinde exempla proferentur, quae res, cum ab adversariis sententia et voluntas afferretur, ab scripto potius iudicatae sint.* Ebd. 8: *accusator dicet eum usque adeo praemeditatum fuisse, quid sibi esset usu venturum, ut confidentissime resisteret, responderet.* Ebd. 12: *si dicemus causam non fuisse, quare quispiam confingeret et eminisceretur.* Ebd. 15: *Infirma enim erit eius defensio, qui negabit se fecisse, quod cogeretur, cum altera lex permitteret.* Cic. part. or. 115: *quae si non erunt, tamen . . niti oportebit . . . non fuisse illum tam amentem, ut indicia facti aut effugere aut occultare non posset, ut ita apertus esset, ut locum crimini relinqueret.* inv. II, 139: *(contra scriptum qui dicet . . demonstrabit) ea re legis scriptorem certo ex ordine iudices certa aetate praeditos constituisse, ut essent, non qui scriptum suum recitarent . . .; deinde illum scriptorem . . ., quod intellegeret, quales viri res iudicaturi essent, idcirco eum, quae perspicua videret esse, non ascripsisse.*

Es handelt sich in allen diesen Beispielen um Fälle, die dem gerichtlichen Redner begegnen können. Die Rede wird von dem Schriftsteller der Zukunft zugewiesen. Also müssen auch die die Rede veranlassenden Thatsachen als zukünftig aufgefafst werden. Denn offenbar würde in dem Satze: »Wenn eine That unter diesen Umständen begangen ist, so wird der Verteidiger folgendes geltend zu machen haben« im Lateinischen im Nebensatze das Fut. ex. stehen.[1] Diese Auffassung wird auch durch Stellen wie folgende bestätigt: Auct. ad Her. I, 6: *Si genus causae dubium habebimus, a benivolentia principium constituemus* und ebd. II, 20: *Ergo, quia possunt res simili de causa dissimiliter iudicatae proferri, cum id usu venerit, indicem cum iudice, tempus cum tempore, numerum cum numero iudiciorum conferemus.*

---

[1] So denkt auch Lattmann, wenn er S. 132 an der Stelle inv. II, 39 das *sit factum* als »vorzeitig zu considerasse (= *si consideravero*)«, also als »Konj. Fut. ex.« auffafst.

Freilich kann der Sprechende auch eine Zeit zu seinem Standpunkte wählen, wo die That geschehen ist, die Rede aber noch der Zukunft angehört. Das ist geschehen inv. II, 87 sqq., wo der fingierte Rechtsfall in folgender Form zunächst angegeben ist: *Causae remotionis hoc nobis exemplo sit: Rhodii quosdam legarunt Athenas. Legatis quaestores sumptum, quem oportebat dari, non dederunt. Legati profecti non sunt. Accusantur.* Nachher heifst es von dem Ankläger: *Postea dicet suo quemque officio consulere oportere; nec, si ille peccasset, hunc oportuisse peccare;* schliefslich von dem Verteidiger: *deinde, cum id aliena culpa accidisset, ostendet se aut non potuisse aut non debuisse id facere, quod accusator dicat oportuisse.* Hier sind die durch die Inf. Perf. ausgedrückten Handlungen als wirklich der Vergangenheit angehörend gedacht. Indessen wenn eine derartige Schilderung der vorausgesetzten Thatsachen nicht vorhergegangen ist, wird man dieselben auch wohl nicht als vergangen denken dürfen.[1] —

Lattmann dagegen behauptet S. 131, dafs auf den Inf. Perf., welcher etwas vom Standpunkte der Gegenwart Zukünftiges bezeichnet, »futurische Zeiten (bezw. Konj. Praes. und Perf.) bezogen werden«. Aber der Beweis, den er S. 132 hierfür liefert, mufs als gänzlich mifslungen betrachtet werden.[2]

---

[1] Ich glaube deshalb auch, dafs de or. II, 92: *qui autem ita faciet, ut oportet, primum vigilet necesse est in deligendo, deinde; quem probavit, in eo, quae maxime excellent, ea diligentissime persequatur* statt *probavit* zu lesen ist *probarit*.

[2] An der Stelle de or. II, 319 ist *agatur* nicht gleichzeitig mit *effloruisse*, sondern mit *apparebit;* denn unabhängig würde es heifsen: *ex ea causa, quae nunc agitur, effloruerunt.* fam. XVI, 12, 6 fasse ich *veneris* als wirkliches Fut ex., bezogen auf *putabo;* aber wenn es auch Konj. Perf. ist, so wäre doch wegen der Koincidenz kein anderes Tempus möglich. Bei Auct. ad Her. I, 16 beruht der ganze Beweis Lattmanns auf der Behauptung, dafs es bei präteritaler Fassung *postulabat* heifsen würde. Dagegen vgl. Sull. 64: *postulat,* Caec. 101: *postularit,* har. resp. 3: *postulasset.* An der Stelle fin. II, 44 ist *sit* gewöhnliches, wahrscheinlich selbständiges Präsens; es vertritt nicht das Futurum, wie sich schon aus *postulat* ergiebt, für das man nach Lattmann *postulabit* erwarten müfste. inv. II, 119 ist *intellegat* nicht als auf *probato* bezogen zu denken, da unabhängig der Konjunktiv verschwinden würde, sondern auf *oportebit.* Endlich ist inv. II, 39 bei *considerasse* an das fait accompli des *considerasse,* nicht an die Handlung des *considerare* gedacht, weshalb die präteritale Tempusfolge unterblieb. Und wenn es Sest. 5 heifst (denn diese Stelle würde Lattmann, wenn er sie gekannt hätte, sicher auch angeführt haben): *si modo id*

§ 4.

Selbständige Zeiten in der von einem Präteritum abhängigen Rede.

Während bei Cäsar und anderen Historikern sehr oft in der von einem Präteritum abhängigen Rede der Konjunktiv der Haupttempora sich da findet, wo er, wie wir oben S. 30 zeigten, nur aus subjektiver Relativität erklärt werden kann, gebraucht Cicero in solchen Fällen die Haupttempora nur in wirklich selbständiger Bedeutung, so dafs die Handlungen durch dasjenige Tempus bezeichnet sind, das vom Standpunkte der Gegenwart des Schriftstellers denselben zukommt. Wie Madvig zu fin. III, 41 richtig bemerkt, liegt hier eine Art Konfusion vor zwischen dem Gedanken des Satzsubjekts und dem des Sprechenden. Lattmann S. 140 betont mit Recht, dafs bereits dem übergeordneten Infinitiv eine selbständige Bedeutung beizulegen ist. Ich habe die Stellen gesammelt und hoffe, dafs mir keine entgangen ist.

A. Gedanken allgemeinen Inhalts.

In Gedanken mit allgemeinem Inhalt kann selbständiges Tempus nicht auffallen, auch nicht bei solchen philosophischen Lehren, die der Sprechende nicht billigt. Denn hier fühlt man aus dem regierenden Verbum, wenn es auch ein Präteritum ist, ein litterarisches Präsens heraus. Auch wir kennen ja in solchen Fällen eine Form der indirekten Rede, welche des Zeichens der Abhängigkeit entbehrt; z. B. wenn wir sagen: »Pythagoras lehrte die Bedeutung der Zahl. Die Elemente der Zahlen sind die Elemente aller Dinge. Die ganze Welt ist ein Zahlenverhältnis und eine Zahl.« Im allgemeinen freilich wird das selbständige Tempus damit zu entschuldigen sein, dafs der ausgedrückte Gedanke zugleich die Meinung des Schriftstellers ist. Manchmal wechselt das selbständige Tempus mit dem bezogenen.

1. Sententiöses:

Quinct. 26: *Qua ex re intellegi facile potuit nullum esse officium tam sanctum atque sollemne, quod non avaritia comminuere consequi potero, ut . . nihil, quod ad reum . . pertineat, praetermissum esse videatur*, so würde *pertineat* sowohl bei *praetermissum est* als auch bei *praetermissum erit* stehen können. Vgl. Phil. XIV, 6 und oben S. 20. A. 1.

ac violare soleat. Cluent. 138: *Ex quo intellegi potuit, id quod saepe dictum est, ut mare, quod sua natura tranquillum sit, ventorum vi agitari atque turbari, sic populum Romanum sua sponte esse placatum, hominum seditiosorum vocibus ut violentissimis tempestatibus concitari.* off. I, 90: *Panaetius quidem Africanum, auditorem et familiarem suum, solitum ait dicere, ut equos propter crebras contentiones proeliorum ferocitate exultantes domitoribus tradere soleant, ut iis facilioribus possint uti, sic homines secundis rebus ecfrenatos sibique praefidentes tamquam in gyrum rationis et doctrinae duci oportere, ut perspicerent rerum humanarum imbecillitatem varietatemque fortunae.* Man beachte das Impf. *perspicerent.* fin. II, 53 gehört auch wohl hierher, da die or. obl. von dem Zwischensatze *quae dicebantur a te* abhängt.

2. Philosophisches:

Ac. I, 16: . . *ob eamque rem se arbitrari ab Apolline omnium sapientissimum esse dictum, quod haec esset una omnis sapientia, non arbitrari se scire, quae nesciat.* Ac. I, 45: *Arcesilas negabat esse quidquam, quod sciri posset, ne illud quidem ipsum, quod Socrates sibi reliquisset; sic omnia latere censebat in occulto; neque esse quidquam, quod cerni aut intellegi possit.* Ernesti, Orelli, Baiter und Müller schreiben *posset*. Goerenz meint, *possit* sei gesetzt, weil die allzu häufigen Imperfekte unerträglich gewesen seien! Ac. II, 29, wo auf *videbatur accedere* erst Präterita, dann Haupttempora folgen. Ac. II, 71: *qui ex illius commutata sententia docere vellet nihil ita signari in animis nostris a vero posse, quod non eodem modo possit a falso, is curavit etc.* Müller schreibt *posset*. Ac. II, 77: *Incubuit autem in eas disputationes, ut doceret nullum tale esse visum a vero, ut non eiusdem modi etiam a falso possit esse.* Seit Ernesti schreiben die Ausgaben *posset*. Ac. II, 118: *Parmenides (sc. dixit esse) ignem, qui moveat terram, quae ab eo formetur.* Vorher und nachher sind Präterita gebraucht. fin. I, 25: *Nam si concederetur, etiamsi ad corpus nihil referatur, ista sua sponte et per se esse iucunda, per se esset et virtus et cognitio rerum, quod minime ille vult, expetenda.* fin. I, 50, wo *possint* auf *docui* folgt. fin. I, 63: *Optime vero Epicurus, quod exiguam dixit fortunam intervenire sapienti . . neque maiorem voluptatem ex infinito tempore aetatis percipi posse, quam ex hoc percipiatur, quod videamus esse finitum.* Orelli las *dicit*. fin. II,

83 *(posuisti* . . *sint* . . *sint*). fin. II, 100 *(scripsit* . . . *sit* . . *sit).* fin. II, 108 *(disputatum est* . . . *sit).* fin. IV, 20, wo auf *dicerent* erst Präterita, dann Haupttempora folgen. fin. IV, 21, wo auf *complexus es* erst Präterita, dann Haupttempora folgen. fin. IV, 46 (s. oben S. 18). fin. IV, 56: *faterique coepit sapienti, hoc est summe beato, commodius tamen esse, si ea quoque habeat, quae bona non audet appellare, naturae accommodata esse concedit.* Mit dem Relativsatze geht Cicero vollständig in die selbständige Darstellung über. fin. V, 20: *Nam voluptatis causa facere omnia, cum, etiamsi nihil consequamur, tamen ipsum illud consilium ita faciendi per se expetendum et honestum et solum bonum sit, nemo dixit.* Orelli las *dicit.* fin. V, 84 *(docuerim* . . *sit).* Tusc. III, 61 (s. oben S. 18). Tusc. III, 74 *(satis dictum esse arbitror* . . . *insit* . . *oporteat).* Tusc. V, 18: *cui satis esset respondere se ante docuisse nihil bonum esse, nisi quod honestum esset, hoc probato consequens esse beatam vitam virtute esse contentam, et quo modo hoc sit consequens illi, sic illud huic, ut si beata vita virtute contenta sit, nisi honestum quod sit, nihil aliud sit bonum.* Tusc. V, 62: *Satisne videtur declarasse Dionysius nihil esse ei beatum, cui semper aliqui terror impendeat?* Tusc. V, 110 *(ausus est dicere* . . . *sit).* nat. deor. I, 45 *(exposita est* . . *sit,* nachher *essent* . . *essent).* nat. deor. I, 53 *(docuit* . . . *effectura sit, efficiat, effecerit).* nat. deor. I, 105: *Sic enim dicebas, speciem dei percipi cogitatione* . . . *eamque esse eius visionem, ut similitudine et transitione cernatur, neque deficiat umquam ex infinitis corporibus similium accessio, ex eoque fieri, ut in haec intenta mens nostra beatam illam naturam et sempiternam putet.* nat. deor. III, 10: *Primum fuit, cum caelum suspexissemus, statim nos intellegere esse aliquod numen, quo haec regantur.* Heindorf schrieb mit einem Glogauer cod. *regerentur.* rep. I, 15: *Quo etiam sapientiorem Socratem soleo iudicare, qui omnem eiusmodi curam deposuerit eaque, quae de natura quaererentur, aut maiora, quam hominum ratio consequi possit, aut nihil omnino ad vitam hominum attinere dixerit.* Müller schreibt gegen die Handschriften *posset.* Das Impf. *quaererentur* steht dagegen mit Rücksicht auf die Forschungen zur Zeit des Sokrates. rep. III, 29 (nach Lact.). rep. III, 36 (nach Augustin.). off. II, 69 *(commode* (sc. *dixit)* . . *habeat* . . *reddiderit* . . . *rettulerit* . . *habeat).* Lael. 45 *(placuisse* . . *sit* . . *adducas* . ·

velis . . *remittas* . . *possit* . . *parturiat). de or. I, 247 (putabam . . . possit). de or. III, 67 (arripuit* . . *possit;* Sorof: »weil es die noch geltende Ansicht der Stoiker ist«). Att. X, 4, 4 (s. oben S. 18 A. 1.). Att. XVI, 11, 4 *(divisisset* . . *deliberemus . . . sit* . . *videantur* . . *sit).*

3. Rhetorisches:

de or. I, 138—142, wo auf *didicisse* zunächst Haupttempora, dann Präterita folgen. de or. I, 219: *Neque vero istis tragoediis tuis* . . *perturbor, quod ita dixisti, neminem posse eorum mentes, qui audirent, aut inflammare dicendo aut inflammatas restinguere, cum eo maxime vis oratoris magnitudoque cernatur, nisi qui mores hominum penitus perspexerit, in quo philosophia sit oratori necessario percipienda.* Sorof: »weil Antonius mit diesem Satze nicht blofs die Ansicht des Crassus referieren, sondern zugleich sein eigenes Urteil ausdrücken will«. de or. II, 163 (s. oben S. 18). de or. II, 348: *(libitum est dicere) ut hoc videretis, si laudationes essent in oratoris officio, quod nemo negat, oratori virtutum omnium cognitionem, sine qua laudatio effici non possit, esse necessariam.* Sorof schreibt *posset.* top. 53 (s. oben S. 18).

4. Juristisches:

leg. II, 49: *Nam illi quidem his verbis docebant: tribus modis sacris adstringi, aut hereditate, aut si maiorem partem pecuniae capiat, aut, si maior pars pecuniae legata est, si inde quippiam ceperit.* Der Indikativ des Zwischensatzes beweist, dafs die Abhängigkeit von *docebant* keine strenge ist. leg. III, 42: *quem est senatus secutus, quom decrevisset C. Claudio consule de Cn. Carbonis seditione referente invito eo, qui cum populo ageret, seditionem non posse fieri, quippe cui liceat concilium, simulatque intercessum turbarique coeptum sit, dimittere.* Quinct. 89 *(constitui* . . *spectetur* . . *possint).* Cluent. 160: *ne conatus quidem esset dicere, id quod multis verbis egit, iudicem, quod ei videatur, statuere et non devinctum legibus esse oportere.* leg. agr. II, 86 (dixi . . *velint* . . *velint* . . *occupent).* dom. 40: *Interrogati augures responderunt, cum de caelo servatum sit, cum populo agi non posse.* fam. VII, 21: *negare aiebat Servium tabulas testamenti esse eas, quas instituisset is, qui factionem testamenti non habuerit.*

5. Historisches:

div. I, 78: *Magnum illud etiam, quod addidit Coelius, eo tempore ipso, cum hoc calamitosum proelium fieret, tantos terrae motus in Liguribus, Gallia compluribusque insulis totaque in Italia factos esse, ut multa oppida corruerint, multis locis labes factae sint terraeque desederint fluminaque in contrarias partes fluxerint atque in amnes mare influxerit.* Hier hängt die indirekte Rede offenbar von *addidit*, nicht von *magnum (est)* ab. rep. II, 54: *proditum memoriae est decem viros, qui leges scripserint, sine provocatione creatos.* leg. agr. II, 18: *Ne hoc quidem vidit, maiores nostros tam fuisse populares, ut, quod per populum creari fas non erat propter religionem sacrorum, in eo tamen propter amplitudinem sacerdotii voluerint populo supplicari.* Das Impf. erat beweist die losere Abhängigkeit. leg. agr. II, 58 *(audivit . . adiudicarit).* Sull. 82: *de his (consularibus) tantum mihi dicendum putavi, quod satis esset ad testandam omnium memoriam, neminem esse ex illo honoris gradu, qui non omni studio, virtute, auctoritate incubuerit ad rem publicam conservandam.*

6. Litterarisches:

Pis. 68: *Audistis profecto dici . . Epicureos omnis res, quae sint homini expetendae, voluptate metiri.* Ac. II, 111 *(solebat dicere . . . neget).* fin. III, 41: *pugnare non destitit in omni hac quaestione, quae de bonis et malis appelletur, non esse rerum Stoicis cum Peripateticis controversiam, sed nominum.* S. Madvig z. d. St. fin. IV, 62 *(animadvertisse . . negent . . dicant . . . crediderint).* nat. deor. I, 92: *Omnesne tibi illi delirare visi sunt, qui sine manibus et pedibus constare deum posse decreverint?* Die Ausgaben vor Müller schrieben *decreverunt.* Q. fr. III, 5, 1, wo auf *admonitus sum* erst Präterita folgen, dann *scribat.* Att. XIII, 44, 3: *Brutus mihi T. Ligarii verbis nuntiavit, quod appelletur L. Corfidius in oratione Ligariana, erratum esse meum.* [top. 3: *Minime sum admiratus eum philosophum rhetori non esse cognitum, qui ab ipsis philosophis praeter admodum paucos ignoretur.* So Kayser statt *ignoraretur*, das zu ändern indes nicht nötig ist.]

7. Thatsächliches:

Verr. II, 3, 204: *indignissimum videbatur, qua in re senatus optime . . . egisset, . . in ea re praedari . . ., et id non modo fieri, sed ita fieri, quasi liceat concessumque sit.* Verr. II, 4, 98: *Nam quia, quam pulchra essent, intellegebat, idcirco existimabat ea non ad hominum luxuriem, sed ad ornatum fanorum atque oppidorum esse facta, ut posteris nostris monumenta religiosa esse videantur.* Kayser klammert *nostris*, Müller den ganzen Satz von *ut* bis *videantur* ein; beides ist unnötig, da der Satz aus der Seele Ciceros gesprochen ist. Flacc. 36: *solere suos cives ceterosque Graecos ex tempore, quod opus sit, obsignare dixit.* rep. III, 21 (nach Lact.). Ferner rep. II, 57, wenn wir die or. obl. nicht von *tenetote*, sondern von dem Zwischensatze *quod initio dixi* abhängen lassen.

B. Gedanken nicht allgemeinen Inhalts.

1. Inhalt von Briefen, die dem Schriftsteller noch vorliegen:

fam. III, 9, 1 *(cognovi intellexique . . accesseris . . videris).* fam. III, 9, 1: *est in tuis litteris scriptum, si quid inciderit, quod ad meam dignitatem pertineat, etsi vix fieri posset, tamen te parem mihi gratiam relaturum.* Die Ausgaben haben *possit.* fam. IX, 18, 1 *(intellexi . . coeperim).* [fam. XVI, 23, 1: *Balbus ad me scripsit tanta se ἐπιφορᾷ oppressum, ut loqui non possit.* Wesenberg und Baiter schreiben *posset*, wohl mit Recht, da das *loqui non posse* des Balbus inzwischen sich verloren haben kann. Das Impf. wird auch schon durch den Briefstil empfohlen.] Q. fr. III, 1, 10: *De Britannicis rebus cognovi ex tuis litteris nihil esse nec quod metuamus nec quod gaudeamus.* (An der Stelle Q. fr. II, 10, 4 ist der Satz *ut . . sciat* Folgesatz zu *scripsit.)*

2. Senatsbeschlüsse, die für die Gegenwart des Schreibenden noch gelten:

fam. VIII, 8, 5—8 folgen auf *ita censuerunt* zunächst Präterita, später Haupttempora, nachher wieder Präterita. An mehreren Stellen schwanken die Handschriften. Ernesti will § 7 *intercesserit* lesen. (Vgl. das ähnliche Schwanken der Tempora in den von Cicero am Schlusse mehrerer philippischer Reden, z. B. Phil. V, 53, vorgeschlagenen Senatsbeschlüsse.)

3. Frühere Gedanken des Sprechenden, die er auch in der Gegenwart (der Zeit des Sprechens) noch hat (das regierende Verbum steht also in der 1. Person):

Quinct. 86: *Docui, cum desertum esse dicat vadimonium, omnino vadimonium nullum fuisse; quo die hunc sibi promisisse dicat, eo die ne Romae quidem eum fuisse.* Quinct. 87 *(contendi . . appellarit).* Quinct. 89 *(dixi . . aspirarit . . possederit . . attigerit . . conatus sit).* Verr. II, 3, 147 *(ostendi . . . vendiderit . . fecerit).* Verr. II, 3, 227: *Dixi iam ante, iudices, ut* (gesetzt auch dafs) *has omnes iniurias tollatis, tamen ipsam rationem arandi spe magis et incunditate quadam quam fructu atque emolumento teneri.* Cluent. 169 gehört hierher, wenn wir die or. obl. von dem Zwischensatze *quod a me initio dictum est* abhängen lassen. fam. V, 17, 3: *Illud utinam ne vere scriberem, ea te re publica carere, in qua neminem prudentem hominem res ulla delectet!* Hier liegt keine wirkliche Vergangenheit, sondern Irrealität in der Gegenwart vor. fam. X, 25, 3: *Omnino plura me scribere, cum tuum tantum consilium indiciumque sit, non ita necesse arbitrabar.* (Man kann hier aber auch den Nebensatz unmittelbar von *arbitrabar* abhängen lassen.) fam. XIII, 29, 1 *(intellexi . . . potueris).* Att. II, 1, 5: *nihil ei novi dixi accidisse . .; non esse itum obviam, ne tum quidem, cum iri maxime debuerit.* So Baiter nach Orelli statt des handschriftlichen *debuit.* Att. III, 1: *ut legi rogationem, intellexi ad iter id, quod constitui, nihil mihi optatius cadere posse, quam ut tu me quam primum consequare.* (Später heifst es: *quam ob rem te oro des operam, ut me statim consequare.*) Att. V, 6, 1: *ei gratum esse id videbam, qui etiam a me petierit etc.* (Auch hier kann der Nebensatz unmittelbar von *videbam* abhängen.) Att. XIII, 22, 3 *(scripseram . . . potuerit).* Att. XV, 26, 1 *(rescripsi . . sit . . accesserim . . . fecerim).* Att. XV, 27, 2: *te, ut a me discesseris, lacrimasse moleste ferebam.*

4. **Frühere Gedanken anderer, die auch vom Standpunkte der Gegenwart des Sprechenden noch gelten:**

a) mit dem Konj. Perf. (Hier kann das selbständige Tempus weniger auffallen, da der Lateiner die durch das Plusq. auszudrückende Beziehung der Vorzeitigkeit unterlassen kann; s. Lattmann S. 77):

Quinct. 53: *non in eam turpitudinem venisses, ut hoc tibi esset apud tales viros confitendum, qua tibi vadimonium non sit obitum, eadem te hora consilium cepisse hominis propinqui fortunas funditus evertere.* Rosc. Am. 53: *id erat certi accusatoris officium, qui tanti sceleris argueret, explicare omnia vitia ac peccata filii, quibus incensus parens potuerit animum inducere, ut naturam ipsam vinceret.* Verr. II, 1, 157 *(diceres . . protuleris).* Verr. II, 2, 20 *(satis factum est . . . fuerit).* Verr. II, 4, 8: *si tibi hoc quemquam concessurum putasti . . omnes denique res, quae alicuius pretii fuerint, tota ex provincia coëmisse.* Halm schrieb nach dem cod. Reg. *fuerunt.* Verr. II, 4, 16 *(diceret . . . voluerit).* Tull. 39 *(fuit oratio . . diceretur . . . potuerit).* Caec. 2 *(hoc rationis habuit . . facta sit).* imp. Pomp. 5: *(qui ad me detulerunt) huic qui successerit, non satis esse paratum ad tantum bellum administrandum.* Wesenberg forderte *successit.* Vat. 41 *(dixeris . . facta sint).* Pis. 12 *(dicere ausus es . . coniunxeris,* wenn wir Kayser folgen). Pis. 95: *Quis fuit in tanta civitate, qui illum incesto liberatum, non eos, qui ita iudicarint, pari scelere obstrictos arbitraretur?* Müller schreibt nach Madvig *iudicarant.* Planc. 54 *(questus es . . tuleris).* de or. I, 71: *Nam illud qua re, Scaevola, negasti te fuisse laturum, nisi in meo regno esses, quod . . dixerim.* fam. VII, 3, 5 *(scires . . . potuerim).* fam. XIII, 28a, 1 *(est locutus . . legeris).* Att. II, 16, 1 *(ἐωσφίζετο . . potuerit . . futurum fuerit).* Att. IX, 15 6 *(audivimus . . . habuerit,* wofür in einigen Ausgaben *habuit* geschrieben wird).

b) mit dem Konj. Präs. an folgenden Stellen, wo das Präs. auch dem Standpunkte des Schriftstellers noch entspricht:

Verr. II, 1, 21: *quis est in populo Romano, qui hoc non ex priore actione abstulerit, omnium ante damnatorum scelere, furta, flagitia, si unum in locum conferantur, vix cum huius parva parte aequari conferrique posse?* Das Perf. *abstulerit* kommt einem Perf. praes. nahe. [nat. deor. III, 9: *Sed quia non confidebas tam esse id perspicuum, quam tu velis, propterea multis argumentis deos esse docere voluisti.* Seit Ernesti schreiben indes hier die Ausgaben *velles,* was jetzt auch mir richtiger scheint, da füglich nur das *velle* zur Zeit des *confidere* in Betracht kommen kann.] Brut. ap. Cic. fam. XI, 20, 1: *ipsum Caesarem nihil sane de te questum nisi dictum, quod diceret te dixisse, laudandum adulescentem, ornandum, tollendum; se non esse commissurum, ut tolli possit.* Wesenberg und Baiter schreiben *posset;* dies ist unnötig, da der bezeichnete Vorsatz des Octavian zu der Zeit, wo Brutus schrieb, noch fortbestand. Q. fr. I, 2, 8: *Statius mihi narravit scriptas ad te solere afferri, ab se legi, et si iniquae sint, fieri te certiorem.* Nachher folgen Präterita. Da es sich, wie das *solere* andeutet, um eine Gewohnheit handelt, die zu der Zeit, wo Cicero schrieb, noch bestand, so ist die Änderung Wesenbergs *essent* unnötig. Q. fr. II, 7, 2: *suscepit rem dixitque . . putare se, si ego eum non impedirem, posse me adipisci sine contentione, quod velim.* Die Ausgaben haben *vellem.* Allein offenbar handelt es sich auch hier um einen noch fortdauernden Wunsch Ciceros; also ist die Änderung unnötig. Att. XV, 5, 3: *Varro autem noster ad me epistulam misit . ., in qua scriptum erat veteranos eos, qui reiciantur . ., improbissime loqui, ut magno periculo Romae sint futuri, qui ab eorum partibus dissentire videantur.* Die geschilderte Gefahr besteht noch. Att. XV, 6, 1: *Ille quid mihi rescripsisset, scire te volui, si forte idem tu, quod ego, existimares, istos etiam nunc vereri, ne forte ipsi nostri plus animi habeant, quam habent.* Man beachte das *nunc* und das *quod ego,* wozu offenbar *existimo* zu ergänzen ist.

An manchen Stellen erklären sich die Haupttempora der abhängigen Rede schon aus der präsentischen Natur des regierenden Perfekts. Das ist der Fall imp. Pomp. 24 *(accepimus),* dom. 107 *(accepi),* Ac. II, 98 *(didici),* Vat. 38 *(tibi persuaseris),* Scaur. 36 *(persuasum est),* off. III, 37 *(persuasum esse debet),* Verr. I, 1 *(inveteravit sententia* oder auch *percrebruit* im Zwischensatze), Verr. II, 4, 68 *(percrebruerit),* fin. II, 100. III, 39. fat. 11 *(positum est),* Ac. II, 103 *(scriptum est),* fin. III, 29 *(effectum est),* Cluent. 49 *(satis esse arbitror demonstratum).*

Selbständiger Gebrauch des Konjunktivs der Haupttempora bei regierendem Präteritum findet sich auch in solchen Nebensätzen mit dem Modus obliquus, die von dem verb. fin. unmittelbar abhängig sind. Cael. 18: *Reprehendistis, a patre quod semigrarit.* Bake forderte im Anschlufs an einen cod. Oxon. *semigravit.* dom. 7: *Hic tu me . . hostem Capitolinum appellare ausus es, quod, cum in Capitolio senatum duo consules haberent, eo venerim.* Tusc. III, 54: *Cum ita positum esset . . ., quae Carneades contra dixerit, scripta sunt.* nat. deor. II, 13: *Primam posuit eam, de qua modo dixi, quae orta esset ex praesensione rerum futurarum; alteram, quam ceperimus ex magnitudine commodorum etc.* (Nachher folgen wieder Präterita.) Ferner div. II, 37, wo Müller gegen die Handschriften *aspexit* statt *aspexerit* schreibt, fin. IV, 19 (s. Madvig z. d. St.), Tusc. III, 9, wo alle

Ausgaben seit Ernesti *posset* statt *possit* bieten, Tull. 38, wo Madvig *addidisset* statt *addiderit* vorschlägt, nat. deor. I, 77, wo statt des handschriftlichen *videatur* teils *videtur*, teils *videbatur* geschrieben wird, Balb. 57, wo Madvig *pervenit* statt *pervenerit* verlangt, rep. III, 10 (nach Lactant.).

Schliefslich sind auch noch die einem anderen obliquen Nebensatze untergeordneten obliquen Nebensätze zu erwähnen, in denen sich dieselbe Erscheinung findet. Vgl. Phil. V, 15: *Em' causam, cur lex . . inter fulmina et tonitrua ferretur, ut eos iudices haberemus, quos hospites habere nemo velit.* Lentulus ap. Cic. fam. XII, 14, 4: *Quoniam consulibus decreta est Asia et permissum est iis, ut, dum ipsi venirent, darent negotium, qui Asiam obtineant.* Vgl. hierzu Lieven a. a. O. S. 34. leg. III, 16: *qui post exstitit, ne id, quod fuerit, esset.* Die Ausgaben aufser Vahlen schreiben *fuerat*. leg. II, 48 *(essent adiuncta . . venerit).* leg. II, 64 *(faceret . . effecerint),* Att. V, 8, 2 *(possit,* wofür die Ausgaben *posset* haben, . . . *servaremus).*

Natürlich kommt dieser selbständige Gebrauch der Haupttempora in der von einem Präteritum abhängigen Rede, wie überhaupt bei anderen Schriftstellern, so auch bei den Historikern vor und ist dann nicht mit dem oben S. 29 besprochenen, aus subjektiver Relativität zu erklärenden Gebrauche der Haupttempora zu verwechseln. Vgl. Caes. b. G. I, 14, 5, wo auf *respondit* zunächst Präterita folgen, dann fortgefahren wird: *Consuesse enim deos immortales, quo gravius homines ex commutatione rerum doleant, quos pro scelere eorum ulcisci velint, his secundiores interdum res . . . concedere.* Ganz richtig bemerkt hierzu Lattmann S. 141: »Der allgemeine Gedanke *consuesse enim deos* dürfte in diesem Falle den Anlafs zu dem Wechsel gegeben haben.« Aber wenn er meint, dafs dieser selbständige — er fafst dies Wort, wie wir oben S. 30 sahen, hier in einem anderen Sinne als ich — Tempusgebrauch nur »zuweilen« oder »nur ausnahmsweise« bei Cicero, dagegen »weit häufiger bei den Historikern« vorkomme, so beruht eine solche Behauptung, wie nach dem Obigen klar sein wird, auf einem doppelten Irrtume.

§ 5.
Die Übereinstimmung der Tempora bei kongruenten und koincidenten Handlungen.

Wenn die Handlung eines Nebensatzes mit der Handlung des übergeordneten Satzes kongruent oder koincident ist, d. h. mit derselben zeitlich bezw. zeitlich und sachlich durchaus zusammenfällt, so wird sie durch das gleiche Tempus ausgedrückt wie diese. Kongruenz liegt z. B. vor Nep. Ep. 10, 3: *Epaminondas, quamdiu facta est caedes civium, domo se tenuit* —, Koincidenz Cic. Cat. M. 15: *Senes cum rem publicam consilio et auctoritate defendebant, nihil agebant?* Rosc. Am. 37: *Nihil aliud fecerunt, nisi rem detulerunt.* Att. III, 18: *Exspectationem nobis non parvam attuleras, cum scripseras causam nostram Pompeium certe suscepturum.* Diese Erscheinung ist besonders durch die Lattmann-Müllersche Grammatik bekannt geworden; bezüglich der Koincidenz hat Herm. Lattmann[1] nachgewiesen, dafs die Übereinstimmung im Tempus bei Cicero an nahezu 1000 Stellen beobachtet wird, während nur sehr vereinzelt eine Abweichung sich zeigt.

Die Gleichheit des Tempus bei kongruenten und koincidenten Handlungen ist natürlich kein Zufall, sondern ist auf ein Sprachgesetz zurückzuführen. Welcher Art nun ist dieses Gesetz?

Lattmann meint, dafs »ein jedes durch Zeitformen zum Ausdruck gebrachte Gesetz auch ein zeitliches Verhältnis zum Inhalt haben mufs« (S. 103), dafs es »die thatsächliche Harmonie der Zeiten« sei, die »durch völlig harmonischen Ausdruck in den Verbalformen bezeichnet werde« (S. 57).

Nach meiner Meinung können Zeitformen eine »strenge Gleichzeitigkeit« d. i. das zeitliche gänzliche Zusammenfallen der Handlungen oder die Kongruenz gar nicht zum Ausdruck bringen. Denn niemals drückt eine Zeitform die zeitliche Dauer einer Handlung d. i. die Länge des Zeitraumes, den die Handlung ausfüllt, aus. Wenn ich sage: *Quamdiu domi fui, non aegrotavi*, so kann die Dauer des Freiseins von Krankheit oder die Dauer des Aufenthalts in der Heimat doch unmöglich in dem logischen Perfekt

---

[1] De coincidentiae apud Ciceronem vi atque usu. Göttingen. 1888.

ausgedrückt liegen, das überhaupt keinerlei Dauer bezeichnen kann. Zeitformen aber, die an sich keine Dauer ausdrücken können, können auch nicht durch ihre Übereinstimmung dieselbe zum Ausdruck bringen.

Lattmann läfst sich durch den sehr schiefen grammatischen Terminus »Tempus« irreführen. Wie wenig derselbe der wahren Bedeutung der sog. Tempusformen entspricht, zeigt besonders Schrammen, der mit Recht hervorhebt, dafs es auch zeitlose Tempora giebt, d. h. »Komplexe von Aussageformen, denen man den unglücklichen Namen Tempora beigelegt hat, die eine Beziehung der Aussage oder des Ausgesagten auf irgend eine Zeit nicht enthalten«.[1] Lattmann selbst spricht ja von einem achronistischen Präsens (S. 16) und von einem achronistischen Futurum (S. 29), sowie von einem Perfekt, das »eine Art von achronistischem Sinne erhält« (S. 63).

Zur Erklärung des Grundes der Übereinstimmung im Tempus bei koincidenten und kongruenten Handlungen habe ich NJahrbb. 1889. S. 832 auf Hoffmann hingewiesen, der von gewissen Relativsätzen, zunächst solchen mit Praes. hist., lehrt, dafs sie, »weil sie keine historische, sondern nur eine begriffliche Bestimmung bezwecken, auch keine selbständige Zeitlage haben und somit die Zeitform des Satzes annehmen müssen, in den sie eingefügt sind.«[2] Lattmann S. 103 bemerkt hierzu: »Das bedeutet aber: Eine rein äufserliche Attraktion oder eine Art Reflexbewegung ist die Ursache der Tempusübereinstimmung.« Er findet es »unbegreiflich«, wie ich, der ich noch »Beitr.« S. 4 erklärte, mich zur Annahme einer rein äufserlichen Attraktion des Tempus nicht verstehen zu können, jetzt einen solchen Grund für annehmbar halte.

Hier verwechselt Lattmann eine rein äufserliche Attraktion, wie sie besonders Ziemer[3] und vorher schon Peters[4] an manchen Stellen lateinischer Schriftsteller annehmen, die ich nach wie vor

---

[1] Die Bedeutung der Formen des Verbum. (Heiligenstadt. 1884.) S. 50 ff.
[2] Studien auf dem Geb. der lat. Syntax. S. 34.
[3] Junggrammatische Streifzüge. (Colberg. 1883.) S. 84.
[4] De attractione quadam temp. et mod. Progr. Deutsch-Krone 1861.
Sowohl Peters als Ziemer behandeln auch die Fälle der regelmäfsigen Übereinstimmung und machen nur den Fehler, dafs sie beide Arten nicht als wesentlich verschieden kennzeichnen.

im allgemeinen für etwas Inkorrektes halte und, wo sie wirklich vorkommt, als eine Nachlässigkeit des Schriftstellers ansehe, mit einer ganz gesetz- und regelmäfsigen Übereinstimmung, der man den Namen »Attraktion« gar nicht geben sollte. Den Unterschied soll folgendes Beispiel, bei dem es sich um eine »Attraktion« des Modus handelt, klar machen. Bei Cic. rep. I, 11 heifst es: *Maximeque hoc in hominum doctorum oratione mihi mirum videri solet, quod, qui tranquillo mari gubernare se negent posse, quod nec didicerint nec umquam scire curaverint, iidem ad gubernacula se accessuros profiteantur excitatis maxime fluctibus.* Hier nimmt Peters (dem Draeger, Kühner und Ziemer folgen) an, dafs *profiteantur* lediglich infolge einer äufserlichen Attraktion durch die Konjunktive *negent, didicerint, curaverint* veranlafst sei. Das ist nach meiner Meinung unzulässig. Es sind vielmehr die Konjunktive *didicerint* und *curaverint* aus der Seele der *negantes* gesprochen, *negent* ist durch *profiteantur* veranlafst, *profiteantur* aber ist aus dem Sinne des *mirans* gesagt. Vgl. nat. deor. I, 71: *mirabile videtur, quod non rideat haruspex .., hoc mirabilius, quod .. possitis.* Wenn nun *negent* durch *profiteantur* veranlafst ist, so ist das keine äufserliche Attraktion, sondern der untergeordnete Satz hat wegen seiner engen Zusammengehörigkeit mit dem übergeordneten Satze die Modusform des letzteren annehmen müssen. Beide Sätze haben also eine gemeinschaftliche Modusform, den Konjunktiv, und es ist eigentlich ebenso verkehrt, hier von »zwei Konjunktiven« zu reden, als es verkehrt ist, bei *doctorum hominum* von zwei Genitiven zu sprechen.

Eine derartige Modusübereinstimmung in eng zusammengehörigen Sätzen, die man mit Unrecht als »Attraktion« bezeichnet, und bei der der Modus des übergeordneten Satzes mafsgebend ist, ist bekanntlich nichts Seltenes. Vgl. Brut. 301: *(Hortensius erat memoria tanta), ut quae secum commentatus esset, ea sine scripto verbis eisdem redderet, quibus cogitavisset.* fin. I, 33: *Nihil impedit, quominus id, quod maxime placeat, facere possimus.* Tusc. I, 15: *Nunc video calcem, ad quam cum sit decursum, nihil sit praeterea extimescendum.* fin. I, 27: *Quid me prohiberet Epicureum esse, si probarem, quae ille diceret?*

Dasselbe Sprachgesetz tritt uns auch hinsichtlich der Kasus entgegen. Dafs es Tusc. I, 39: *Platonem ferunt . . . non solum sensisse idem, quod Pythagoram, sed rationem attulisse* nicht nötig ist, zu *Pythagoram* ein *sensisse ferunt* zu ergänzen, zeigen Fälle wie Cat. M. 1: *Te suspicor eisdem rebus quibus me ipsum interdum gravius commoveri,* wo eine solche Ergänzung unmöglich ist. Vielmehr ist der Satz: *Tu eisdem rebus quibus ego ipse interdum gravius commoveris* als Ganzes · in infinitivische Abhängigkeit gebracht von *suspicor*, wobei nicht blofs das übergeordnete, sondern auch das untergeordnete Subjekt die Accusativform annehmen mufste. Wenn nun in eng zusammengehörigen Sätzen vielfach gleichsam nur eine gemeinschaftliche Modusform (bezw. nur eine Kasusform) erscheint, so ist ein Gleiches auch vom Tempus von vornherein denkbar. Und wirklich, wenn es Nep. Alc. 5, 5 heifst: *Horum in imperio tanta commutatio rerum facta est, ut Lacedaemonii, qui paulo ante victores viguerant, perterriti pacem peterent. Victi enim erant quinque proeliis terrestribus, tribus navalibus, in quibus ducentas naves triremes amiserant, quae captae in hostium venerant potestatem* —, so ist hier offenbar der Satz: *Victi sunt . . ., in quibus . . amiserunt, quae . . venerunt* als Ganzes in Beziehung gesetzt zu den vorhergehenden *pacem peterent,* wobei das die Antecedenz ausdrückende Plusquamperfekt die gemeinschaftliche Tempusform aller drei Sätze werden mufste. Ganz richtig wird von Hoffmann, Zeitp. S. 28 die Stelle fam. XVI, 11, 2: *Antonius quidem noster et Q. Cassius .. profecti erant, posteaquam senatus . . . negotium dederat* folgendermafsen erklärt: »Hier ist der Satz mit *posteaquam* in die temporale Unterordnung des Hauptsatzes mit hineingezogen.«

Auf ähnliche Weise erklärt sich das auffallende Plusquamperfekt an Stellen wie off. I, 84: *(Callicratidas) cum Lacedaemoniorum dux fuisset multaque fecisset egregie, vertit ad extremum omnia.* Kallikratidas war doch auch noch während des *vertere* Feldherr der Lazedämonier, und so erwartet man *esset* statt *fuisset.* Es ist hier indes der Satz: *C. Lacedaemoniorum dux fuit multaque fecit egregie,* in dem das *fecit* als Hauptsache, das *fuit* nur als Nebenumstand empfunden wurde, in temporale Abhängigkeit gebracht von *vertit,* wobei beide verba finita als zusammengehöriges Ganze in das Plusquamperfekt gesetzt wurden, obwohl dieses Tempus genau genommen bei dem einen nicht pafst. Ebenso sind zu erklären die Stellen de or. III, 140: *sic enim video . . . doctrinam; quam qui accepissent, si eidem ingenio valuissent et se ad dicendum quoque non repugnante natura dedissent, eloquentia praestitisse.* Unabhängig: *ingenio valuerunt et se ad dicendum dederunt.* Att. XIV, 1, 2: *proxime, cum Sestii rogatu apud eum fuissem exspectaremque sedens, quoad vocarer, dixisse eum etc.* Unabhängig: *apud eum fui exspectabamque sedens.* Umgekehrt findet sich in dieser scheinbar ungenauen Weise das Imperfekt Phil. I, 8: *Cumque intempesta nox esset mansissemque in villa P. Valeri . . . postridieque apud eundem ventum exspectans manerem, municipes Regini complures ad me venerunt.* Unabhängig: *intempesta nox erat mansique.* Vgl. Brut. 172 *(percontaretur).*

Freilich kommt gleiches Tempus bei koincidenten Handlungen auch in konjunktivischen Nebensätzen indikativischer Hauptsätze (sowie auch, aber nur ausnahmsweise, in indikativischen Nebensätzen konjunktivischer Hauptsätze) und auch in gleichgeordneten Hauptsätzen vor. Vgl. off. III, 79: *A fide institiaque discessit, qui optimum et gravissimum civem . . . in invidiam falso crimine adduxerit.* Ac. II, 23: *Tum, cum videbantur, quomodo viderentur, id quaeritur.* Verr. II, 1, 97: *fecit perite et callide: volumen eius rerum gestarum maximum isti ostendit.* Indes kann eine Tempusübereinstimmung ohne Modusübereinstimmung ebenso gut stattfinden als eine Modusübereinstimmung ohne Tempusübereinstimmung.[1] Und die gemeinschaftliche Tempusform eng verbundener Hauptsätze findet sich auch sonst. Vgl. Nep. Ages. 1, 4: *Mortuus erat Agis rex, frater Agesilai. Filium reliquerat Leotychidem, quem ille natum non agnorat; eundem moriens suum esse dixerat. Is de honore regni cum Agesilao, patruo suo, contendit.* Hier sind alle vorhergehenden Sätze gemeinschaftlich auf *contendit* bezogen.

Auf der engen Zusammengehörigkeit der Sätze, nicht auf der zeitlichen Kongruenz der Handlungen beruht also die Tempusübereinstimmung bei kongruenten und koincidenten Handlungen.

---

[1] Vgl. Vat. 17: *quae tanta in te fuerit audacia . ., ut, quod novem tui collegae sibi timendum esse duxerint, id unus tu . . irridendum putares.* Mur. 5, wo freilich die Herausgeber entweder *tuleram* statt *tulerim* oder *abrogarim* statt *abrogarem* schreiben. Verr. II, 5, 158, wo *delatum sit* in den Handschriften steht. Sull. 58, wo *putaret* beizubehalten ist. Arch. 5, wo ich den LA. von Weiske: *faverit* zustimme. Att. I, 5, 4. fam. XIII, 55, 1.

Deshalb ist da, wo ein solch enges Verhältnis der Sätze nicht vorliegt, auch die Gleichheit des Tempus bei koincidenten Handlungen unnötig. Vgl. Phil. V, 27: *Recte ad eum (Hannibalem) legati missi; mittebantur ad Poenum, mittebantur pro Hannibalis hostibus nostris sociis.* — Wenn nun also die gesetzmäfsige Übereinstimmung im Tempus auf der engen Zusammengehörigkeit der Sätze beruht, so wird man natürlich erwarten, dafs dieselbe nicht auf kongruente (bezw. koincidente) Handlungen beschränkt ist. Und in der That findet sich dieselbe auch sonst. Zunächst ist bekannt, dafs die **Modalitätsverben** *posse, velle, debere* u. ä., falls bei denselben der Infinitiv des Verbums, welches das Prädikat des übergeordneten Satzes bildet, steht oder ergänzt werden mufs, im Tempus mit dem Verbum des Hauptsatzes übereinstimmen. Vgl. Catil. I, 18: *ut potui, tuli.* Nep. Lys. 4, 3: *quae voluerat, dixerat.* Lael. 12: *Themistocles ingratae patriae iniuriam non tulit, quam ferre debuit.* Die Lattmann-Müllersche Grammatik erblickte in diesen Fällen Koincidenz. Allein H. Lattmann gesteht zu: Huius generis enuntiationes, in quibus auxiliaria verba sint, secernendas censeo a ceteris neque easdem »coincidentes« recte appellari; tamen cum illis quandam eas habere cognationem concedo.«[1] Offenbar fallen die durch solche Modalitätsverben bezeichneten Handlungen oder Zustände in ihrer zeitlichen Dauer nicht mit der Haupthandlung zusammen. Wenn es heifst: *quod voluit, dixit,* so hat das *velle* früher begonnen als das *dicere;* von einer Kongruenz kann also keine Rede mehr sein.

Noch deutlicher ist das Fehlen jeder Kongruenz in **begriffsumschreibenden Nebensätzen**, wie Nep. Them. 4, 3: *noctu de servis suis quem habuit fidelissimum ad regem misit* oder Caes. b. G. III, 16, 2: *navium quod ubique fuerat, in unum locum coëgerant.* Hinsichtlich solcher Fälle leugnet Lattmann, dafs die Übereinstimmung des Tempus auf einem Gesetze beruhe. Er erklärt dieselbe an der Cäsarstelle für zufällig (S. 61) und das *habuit* an der Neposstelle für ein selbständiges, aoristisches oder historisches Perfekt, das »ebensowohl stehen könnte, wenn im Hauptsatze ein Imperfekt (z. B. *mittere volebat)* oder Plusquamperfekt oder sonst eine Zeit gesetzt wäre« (S. 104). Siegesbewufst sagt er mit

---

[1] De coinc. ap. Cic. vi atque usu p. 10.

Beziehung auf Hoffmann, der in seinen Studien S. 34 ff. die gesetzmäfsige Tempusgleichheit in Sätzen, »die keine historische, sondern nur eine begriffliche Bestimmung bezwecken«, zunächst hinsichtlich des Praes. hist. zu erweisen sucht: »Wie grundfalsch diese mit Sicherheit aufgestellte Behauptung ist, werden unsere Beispiele gleich zeigen« (S. 94). Wenn nun Lattmann S. 95—97 eine ganze Sammlung von begriffsumschreibenden Nebensätzen mit ungleichem Tempus vorlegt, so übersieht er, dafs Hoffmann nur solche Sätze meint, in denen eine innere (nicht zeitliche, sondern sachliche) Beziehung der beiden Handlungen stattfindet. H. unterscheidet nämlich nur die beiden Fälle: »a) Relativsätze als Umschreibung eines generellen Substanzbegriffes; b) als beschränkendes Attribut«. Auch von Procksch,[1] der von Hoffmann mehrfach erwähnt wird, hätte sich Lattmann belehren lassen können, dafs die Fälle, wo der Nebensatz »in Korrelation zum Hauptsatze steht, d. h. einen integrierenden Teil des Hauptsatzes bildet« — und nur diese kommen in Frage —, von solchen zu scheiden sind, wo der Nebensatz »als selbständiges Glied der Erzählung aufzufassen ist«, oder wo »das Perfekt aoristisch in Verweisungen auf frühere Erwähnungen oder inzwischen eingetretene Ereignisse« steht.[2] Von den Sätzen, die Lattmann gegen Hoffmann ins Feld führt, sind es nur die drei auf S. 94 angegebenen, die eine solche innere Beziehung enthalten. Aber die Stellen b. G. V, 44, 4 und VII (nicht VIII), 84, 2 erklären sich daraus, dafs das *videri* nicht immer als gleichzeitig, sondern auch oft als vorzeitig aufgefafst wird,[3] und bei Tac. Hist. III, 29: *completur caede, quantum inter castra murosque vacui fuit* ist ein ausnahmsweise vorkommender Sprung vom Praes. hist. zum Perf. hist. anzunehmen, wie auch an der ähnlichen Stelle Nep. Alc. 10, 5: *id quod in praesentia vestimentorum fuit, arripit.* Dieselbe Erscheinung findet sich ja auch bei der wirklichen Koincidenz. Vgl. Planc. 54: *quod questus es . . ., indicas.*[4]

---

[1] Die consec. temp. bei Cäsar (Progr. Eisenberg 1874) S. 3 ff.
[2] Übrigens behauptet Hoffmann keineswegs die unbedingte Notwendigkeit der Tempusgleichheit; denn er sagt S. 37: »Stünde in diesen Stellen das Imperfekt, dann gäbe der Relativsatz nur eine äufserliche historische Bestimmung ab.«
[3] Vgl. oben S. 28. A. 2. [4] Lattmann, de coinc. p. 62.

Die Ansicht Lattmanns, dafs das Perfekt — denn dies kommt naturgemäfs ungleich häufiger vor als das Plusquamperfekt und das Futurum exaktum (bei denen das übereinstimmende Tempus ebenfalls auffällt, während beim Präsens, Imperfekt und Futurum die Gleichzeitigkeit ja immer durch gleiches Tempus zum Ausdruck kommt) — in solchen Sätzen als selbständiges Tempus aufzufassen sei, wird schon durch Stellen widerlegt wie Phil. VI, 4: *semper eo tractus est, quo libido rapuit.* Hier würde selbständig das Perfekt *rapuit* gar nicht stehen können, da die Handlung eine wiederholte ist. Das Perf. *tractus est* ist nur deshalb möglich, weil *semper* dabei steht; ohne *semper* müfste es *trahebatur* heifsen. Folglich beeinflufst das *semper* auch das *rapuit;* der Satz *quo libido rapuit* ist also ein integrierender Teil des Hauptsatzes und enthält gar keinen selbständigen Gedanken. Und dafs off. III, 36: *Quare error hominum non proborum, cum aliquid, quod utile visum est, arripuit, id continuo secernit ab honesto,* wo *arripuit* ein relatives Perfekt ist und die Vorzeitigkeit zu *secernit* bezeichnet, *visum est* nicht selbständig sein kann, liegt auf der Hand.

Es ist ja freilich richtig, was Kühner lehrt: »Auch **Nebenumstände, nähere Bestimmungen, Erklärungen** können durch das **historische Perfekt** ausgedrückt werden; alsdann werden dieselben ohne alle Rücksicht auf ihre Entwickelung und ihren Zusammenhang mit den Hauptsätzen an und für sich als Ereignisse der Vergangenheit bezeichnet. off. II, 76: *omni Macedonum gaza, quae fuit maxima, potitus Paullus . . . nihil domum suam intulit.* Liv. III, 52, 3: *(plebei) via Nomentana, cui tum Ficulensi nomen fuit, profecti castra in monte Sacro locavere.*«[1] Es ist dies das konstatierende Perfekt, das jedoch naturgemäfs nur dann möglich ist, wenn der Gedanke fähig ist, als selbständiges Urteil des Redenden in einem Hauptsatze ausgesprochen zu werden. So kann man an der angeführten Stelle off. II, 76 übersetzen: »und der war sehr grofs«, und an der anderen Stelle kann man einen parenthetischen Hauptsatz bilden. Sollte nun wohl an der Nepos stelle der Sinn sein: »und an diesem hatte er den treuesten Sklaven«? Nein, ein historisches Perfekt würde

---

[1] Ausführl. Gramm. der lat. Spr. II S. 99. Anm. 1.

an den in Frage kommenden Stellen dem Gedanken eine viel zu grofse Selbständigkeit verleihen.[1] Ein Beweis für die enge Zusammengehörigkeit der durch gemeinschaftliche Tempusform verbundenen Sätze ist es auch wohl, wenn Cicero *quantum in ipso (ipsis) fuit* sagt, nicht *quantum in eo (iis) fuit*. Vgl. Phil. II, 29. Flacc. 61. Att. XVI, 15, 1. leg. I, 56. Ja, Nepos setzt geradezu das Reflexiv Iph. 3, 4: *quantum in se fuit, Thraecem me genuit*. Erst Justin 9, 4 sagt: *Philippus, quantum in illo fuit, ita vicit*.

§ 6.

Das Tempusgesetz für Sätze mit korrelativem Inhalte.

Dem allgemeinen Gesetze, dem auch die Tempora bei kongruenten und koincidenten Handlungen unterliegen, glaube ich folgende Form geben zu können:

In Sätzen mit korrelativem Inhalte werden vorzeitige Handlungen im Nebensatze nur bei übergeordnetem Präsens, Imperfekt und Futurum durch das entsprechende die Vorzeitigkeit bezeichnende Tempus, bei übergeordnetem Perfekt[2] dagegen durch gleiches Tempus ausgedrückt; gleichzeitige Handlungen werden in solchen Sätzen immer durch gleiches Tempus ausgedrückt.

Es ist natürlich vor allem festzustellen, was für Sätze korrelativen Inhalt haben. Zunächst ist da hervorzuheben, dafs hierfür die korrelative Form durchaus nicht mafsgebend ist. In dem Satze rep. II, 52: *Expulso Tarquinio tantum odium populum*

---

[1] Dafs es auch in Sätzen wie: *Abiit, quod timuit* nicht notwendig ist, *timuit* als historisches bezw. selbständiges Perfekt aufzufassen, beweist Q. fr. II, 5, 3: *Luci eum convenire non potueram, quod afuerat*, wo offenbar ebenfalls Gemeinschaftlichkeit der Tempusform vorliegt. Haase zu Reisig Note 456 urteilt nicht richtig, wenn er in dieser »Attraktion« eine »Nachlässigkeit der Darstellung« erkennt.

[2] Von dem Plusquamperfekt und dem Futurum exaktum kann man füglich absehen, da hier die Vorzeitigkeit gar nicht anders als durch gleiches Tempus ausgedrückt werden könnte.

Romanum regalis nominis tenuit, quantum tenuerat post obitum Romuli haben wir wohl korrelative Form, aber keinen korrelativen Inhalt. Denn die beiden durch die Verba *tenuit* und *tenuerat* ausgedrückten Ereignisse stehen in gar keinem inneren Zusammenhange. Nur etwas Accidentelles an denselben, die Gröfse des Hasses, wird verglichen. Korrelativer Inhalt liegt vor, wenn die eine Handlung die Voraussetzung oder die Bedingung der andern ist, mit dieser in kausalem oder konzessivem Zusammenhange steht und bei derselben als Thatsache vorliegt. So ist in dem Satze *dedit, quod habuit* das *habere* die Bedingung, die Voraussetzung für das *dare;* in *ut potui, tuli* ist das *posse* die Voraussetzung, ohne die das *ferre* unmöglich ist; in *bene facis, quod manes* ist das *bene facis* mit Rücksicht auf die Thatsache des *manes* ausgesprochen; in *Epaminondas, quamdiu facta est caedes civium, domo se tenuit* hat das *domo se tenere* mit Rücksicht auf die (gleichzeitige) *caedes civium* stattgefunden; in *quodcumque nactus est, caedit* ist das *nancisci* die Voraussetzung des *caedere;* in *naturam si sequemur ducem, numquam aberrabimus* ist das *non aberrare* von der Bedingung des *naturam sequi* abhängig; in *docere cogitur ante, quam didicit* ist das *discere* die Voraussetzung des *docere*, also das *nondum didicit* eigentlich ein Hindernis des *docere cogitur;* in *ubi gallus cecinit, surgimus* ist das *surgere* durch das *canere* bedingt.

Zu den Sätzen mit korrelativem Inhalte gehören viele Relativsätze, meistens die mit korrelativem oder verallgemeinerndem Relativ *(quicumque, quotienscumque* u. ä.), sowie auch viele Temporalsätze und Bedingungssätze; fast alle Nebensätze mit kongruenten oder koincidenten Handlungen und mit Modalitätsverben.

Die Satzarten, die ich hier zusammengestellt habe, werden bei Hoffmann scharf in zwei Klassen geschieden: in die korrelativen Sätze einerseits, in denen die Gleichheit des Tempus (bei Hoffmann handelt es sich zunächst um das Praes. hist.) sich daraus erkläre, dafs Sätze dieser Art eigentlich nicht untergeordnete, sondern koordinierte seien,[1] und andererseits »1. die Relativsätze, welche ein mit der Haupthandlung konnexes, koincidierendes Faktum besagen, 2. Relativsätze, welche eine begriffliche Bestimmung

---

[1] Studien S. 19 ff.

bezwecken, 3. Relativsätze mit *posse*.«[1] Im Anschluſs an Procksch[2] zähle ich indes auch die letzteren drei Klassen zu den korrelativen. Auch diese lassen sich in gleicher Weise auf ursprüngliche Koordination zurückführen wie jene. Ein Augenzeuge kann sagen:
1. *manet: bene facit.*
2. *id habet: dat.*
3. *ita ferre potest: fert* —,

ebenso wie er sagen kann:
1. *caedes civium fit: domo se tenet.*
2. *id nactus est: caedit.*
3. *naturam sequitur: non aberrat.*
4. *nondum didicit: docere cogitur.*
5. *gallus cecinit: surgunt.*

Offenbar wird hierdurch eine bedeutende Vereinfachung Hoffmann gegenüber herbeigeführt; und die Tempusfolge in indikativischen Nebensätzen bei übergeordnetem Praes. hist. bietet uns, wie man sofort sieht, ein Kennzeichen des korrelativen Satzverhältnisses. Korrelatives Satzverhältnis liegt in solchen Sätzen vor, wo nach einem Praes. hist. das Praes. oder Perf. Ind. steht, ohne daſs selbständiges Tempus anzunehmen wäre[3], während solche Sätze, wo bei übergeordnetem Praes. hist. das Impf. oder Plusq. Ind. steht, keinen korrelativen Inhalt haben.

Nun haben wir auch den Schlüssel zur Lösung der Frage, was für eine Art von Relativität in Sätzen mit korrelativem Inhalte sich zeigt. Denn wir haben oben (S. 25 ff.) gesehen, daſs das bezogene Praes. und Perf. beim Praes. hist. auf subjektiver Relativität beruhe. Das kann natürlich, auf die korrelativen Sätze angewendet, zunächst nur von Sätzen mit Präsens im Hauptsatze gelten. Denn die Gleichzeitigkeit bei subjektiver Relativität kann, wie wir oben (S. 29) an der or. obl. bei den Historikern nachwiesen, immer nur, auch bei übergeordnetem Präteritum, durch das Präsens ausgedrückt werden. Hier aber heiſst es z. B.: *ut potui, tuli*, nicht aber: *ut possum, tuli.*

---

[1] a. a. O. S. 35 ff. [2] a. a. O. S. 3.
[3] Ich halte deshalb mit Wania, das Praes. hist. bei Caesar (Wien. 1885.) S. 107 das Präsens *sunt* bei Caes. b. G. V, 39, 1 für falsch. Über die Stelle V, 46, 3, wo *sit* statt *scit* (oder *sciebat*) zu lesen ist, vgl. auſser Wania a. a. O. auch Hoffmann, Studien S. 36. Anm. 47.

Die Sätze mit den übrigen Zeiten entstehen nun aus der präsentischen Grundform[1] dadurch, dafs Haupt- und Nebensatz als zusammengehöriges Ganze die durch den Zusammenhang erforderte Tempusform gemeinsam erhalten, wobei das Plusq. und Fut. ex. zur Bezeichnung der Vorzeitigkeit als Impf. bezw. Fut. der vollendeten Handlung gelten und daher neben einem gewöhnlichen Impf. bezw. Fut. auftreten.[2] Während nun bei gleichzeitigen Handlungen diese Haupt- und Nebensatz gemeinschaftlich ergreifende Umformung durch alle sechs Zeiten geht, kann die Vorzeitigkeit regelmäfsig nur bei übergeordnetem Präsens, Imperfekt und Futurum ausgedrückt werden. Deshalb unterbleibt die Bezeichnung der Vorzeitigkeit bei übergeordnetem Perfekt. Denn wenn das Plusquamperfekt, das sonst freilich zum Ausdruck der Vorzeitigkeit bei einem Perfekt dient, auch hier gebraucht würde, so würde ein Wechsel der Zeitsphäre eintreten, der sich mit der engen Zusammengehörigkeit der Sätze nicht verträgt.

---

[1] Da, wie Schrammen a. a. O. S. 69 und S. 79 f. gezeigt hat, sowohl das Präsens als auch das logische Perfekt von Hause aus zeitlos ist, so wechseln die beiden Verba, wenn sie eine andere Tempusform annehmen, nicht ihr Gewand, sondern legen erst ein Gewand an.

[2] Vgl. Hoffmann, Zeitpart. S. 42 f.: »Das Antecedens liegt in seiner Vollendung präsentisch und zuständlich vor, während das Consequens eintritt. . . . Überträgt man nun eine derartige Verbindung zweier in der Gegenwart wiederholt kongruierender Ereignisse in die Vergangenheit, so müssen die vorher im Perfekt und Präsens gegebenen Glieder nun in das Plusquamperfekt und Imperfekt gestellt werden; in dem Zeitverhältnisse der Glieder zu einander kann aber nicht füglich eine Änderung eingetreten sein; vielmehr mufs auch jetzt noch das Antecedens ein in der Gegenwart des Consequens vollendetes und in seinem Resultat dauernd vorliegendes sein; das logische Perfekt setzt sich also bei jener Übertragung in das logische Plusquamperfekt um, und dafs dieses einem Imperfekt gleichkommt, ist in dem Früheren genugsam bewiesen.« Der letzten Folgerung kann ich nicht zustimmen. Das Perf. und also auch das Plusq. bezeichnet, dafs, von dem Standpunkte der Haupthandlung aus betrachtet, die Handlung eine vollendete ist (vgl. oben S. 24). Es kommt also nicht die ganze Dauer des durch das Perf. bezw. Plusq. ausgedrückten Zustandes in Betracht, sondern nur der Zustand in dem Zeitpunkte der Haupthandlung. Das aber ist die Grundbedeutung des gewöhnlichen relativen (auch des objektiv-relativen, vgl. oben S. 9 f.) Plusquamperfekts. Denn wenn dieses auch nur die einer anderen Handlung vorausgegangene Handlung zu bezeichnen scheint, so ist diese Bedeutung doch immer erst aus jener Grundbedeutung hervorgegangen.

Beispiele:[1]
I. Präsentische Grundform:
A. Vorzeitigkeit:
1. *ubi gallus cecinit, surgimus.*
2. *non ante desino rogare, quam impetravi.*
3. *si quis hoc fecit, punitur.*
4. *hostium copias pellit, quotienscumque congressus est.*
5. *quodcumque nactus est, caedit.*
6. *quod iussus sum, facio.*

B. Gleichzeitigkeit:
1. *si quis naturam sequitur ducem, numquam aberrat.*
2. *quamdiu caedes fit civium, domo se tenet.*
3. *bene facis, quod manes.*
4. *ut possum, fero.*
5. *quacumque iter facit, cum incolis confligit.*
6. *dat, quod habet.*

II. Imperfekt:
A. 1. *ubi gallus cecinerat, surgebamus.*
2. *non ante desinebam rogare, quam impetraveram.*
3. *si quis hoc fecerat, puniebatur.*
4. *hostium copias pellebat, quotienscumque congressus erat.*
5. *quodcumque nactus erat, caedebat.*
6. *quod iussus eram, faciebam.*

B. 1. *si quis naturam sequebatur, numquam aberrabat.*
2. *quamdiu caedes fiebat, domo se tenebat.*
3. *bene faciebas, quod manebas.*
4. *ut poteram, ferebam.*
5. *quacumque iter faciebat, cum incolis confligebat.*
6. *dabat, quod habebat.*

III. Futurum:
A. 1. *ubi gallus cecinerit, surgemus.*
2. *non ante desinam rogare, quam impetravero.*

---
[1] Bei konjunktivischer oder infinitivischer Fassung des Hauptsatzes wird im Nebensatze der entsprechende Konjunktiv gesetzt.

3. *si quis hoc fecerit, punietur.*
4. *hostium copias pellet, quotienscumque congressus erit.*
5. *quodcumque nactus erit, caedet.*
6. *quod iussus ero, faciam.*

B. 1. *si quis naturam sequetur, numquam aberrabit.*
2. *quamdiu caedes fiet, domo se tenebit.*
3. *bene facies, si manebis.*
4. *ut potero, feram.*
5. *quacumque iter faciet, cum incolis confliget.*
6. *dabit, quod habebit.*

IV. Perfekt:

A. 1. *ubi gallus cecinit, surreximus.*
2. *non ante desii rogare, quam impetravi.*
3. *si quis hoc fecit, punitus est.*
4. *hostium copias pepulit, quotienscumque congressus est.*
5. *quodcumque nactus est, cecidit.*
6. *quod iussus sum, feci.*

B. 1. *si quis naturam secutus est, numquam aberravit.*
2. *quamdiu caedes facta est, domo se tenuit.*
3. *bene fecisti, quod mansisti.*
4. *ut potui, tuli.*
5. *quacumque iter fecit, cum incolis conflixit.*
6. *dedit, quod habuit.*

V. Plusquamperfekt:

A. 1. *ubi gallus cecinerat, surrexeramus.*
2. *non ante desieram rogare, quam impetraveram.*
3. *si quis hoc fecerat, punitus erat.*
4. *hostium copias pepulerat, quotienscumque congressus erat.*
5. *quodcumque nactus erat, ceciderat.*
6. *quod iussus eram, feceram.*

B. 1. *si quis naturam secutus erat, non aberraverat.*
2. *quamdiu caedes facta erat, domo se tenuerat.*
3. *bene feceras, quod manseras.*
4. *ut potueram, tuleram.*

5. *quacumque iter fecerat, cum incolis conflixerat.*
6. *dederat, quod habuerat.*

VI. Futurum exaktum:

A. 1. *ubi gallus cecinerit, surrexerimus.*
2. *non ante desiero rogare, quam impetravero.*
3. *si quis hoc fecerit, punitus erit.*
4. *hostium copias pepulerit, quotienscumque congressus erit.*
5. *quodcumque nactus erit, ceciderit.*
6. *quod iussus ero, fecero.*

B. 1. *si quis naturam secutus erit, non aberraverit.*
2. *quamdiu caedes facta erit, domo se tenuerit.*
3. *bene feceris, si manseris.*
4. *ut potuero, tulero.*
5. *quacumque iter fecerit, cum incolis conflixerit.*
6. *dederit, quod habuerit.*

§ 7.
Das korrelative Tempusgesetz in Temporalsätzen.

Das in § 6 aufgestellte Tempusgesetz erleidet in Temporalsätzen folgende Einschränkung, die in der Natur der Sache begründet ist.

Mit Ausnahme der durch die Konjunktionen der Gleichzeitigkeit *(dum, donec, quoad, quamdiu)* eingeleiteten Sätze wird in Temporalsätzen das Perfekt, Plusquamperfekt und Futurum exaktum im allgemeinen nicht zur Bezeichnung gleichzeitiger Handlungen gebraucht. Denn sonst würde die Gleichzeitigkeit von der Vorzeitigkeit nicht unterschieden werden können. Da es aber gerade in Temporalsätzen darauf ankommt, das zeitliche Verhältnis der Handlungen unzweideutig zum Ausdrucke zu bringen, so wird die Gleichzeitigkeit in der Regel durch ein Tempus der actio infecta bezeichnet. Ursprünglich diente dazu nach *postquam, simulatque, ubi, ut* bei übergeordnetem Perfekt das (subjektiv bezogene) Präsens.[1] Allmählich aber gewöhnte man sich, die Handlung des Temporalsatzes als selbständig zu betrachten, und gebrauchte das (selbständige[2]) Imperfekt. Auch das zuweilen vorkommende Plusquamperfekt, welches, wie Hoffmann[3] gezeigt hat, in diesem Falle imperfektischen Charakter hat, ist zunächst als Ausdruck eines

---

[1] S. oben S. 27.
[2] Lattmann S. 10 und Stegmann (N. Jahrbb. 1890. II. S. 455 f.) fassen das Imperfekt als ein bezogenes auf. Indes giebt letzterer selbst zu, dafs hier die Sache nicht anders liege als an der (oben S. 11 besprochenen) Stelle Phaedr. I, 1, 1 sqq., über die er so urteilt wie Hale. Dafs ohne das Hauptverbum die Wahl des Imperfekts (bezw. Plusq.) unverständlich wäre, ist für die meisten Fälle gewifs richtig. Aber das ist noch kein Beweis für eine eigentliche Relativität, deren Wesen in der Determination auf einen bestimmten Zeitpunkt besteht, sondern beweist nur eine »praktische Relativität« im Sinne Hales, die sich ja mit der absoluten Bedeutung der Nebentempora sehr wohl verträgt. Insofern also besteht ein wesentlicher Unterschied zwischen dem durchaus absoluten Impf. Ind. in streng zeitbestimmenden cum-Sätzen (vgl. oben S. 6) und dem zwar im Grunde selbständigen, aber eine »praktische Relativität« zulassenden Impf. Ind. nach postquam u. ä. Es ist ja auch bekannt, dafs die Temporalsätze mit postquam nur durch konjunktivische, nicht durch indikativische cum-Sätze ersetzt werden können. Wenn ich trotzdem dem Konj. Impf. nach erzählendem cum im allgemeinen eine wirkliche, dem Ind. Impf. nach postquam dagegen nur eine praktische Relativität zuerkenne, so beruht dieser Unterschied auf der geringeren Selbständigkeit des konjunktivisch eingekleideten Gedankens. (In manchen konjunktivischen cum-Sätzen mag indessen ebenfalls nur eine praktische Relativität anzunehmen sein.) Hoffmann S. 8 hat recht, wenn er zum Beweise für die Selbständigkeit des Ind. Impf. nach postquam sich auf Stellen beruft wie Liv. II, 7, 3: *postquam illuxit nec quisquam hostium in conspectu erat, consul spolia legit*, wo, wie auch Stegmann S. 457 anerkennt (Lattmann S. 10 bestreitet es mit Unrecht), *erat* nicht bezogen ist auf *legit*. Wenn Stegmann dagegen *erat* als auf *illuxit* bezogen auffafst, so wäre der Satz gleich: *postquam illucescente die nemo hostium in conspectu erat, consul spolia legit*, wo er dann doch konsequenterweise ebenfalls keine Beziehung des *erat* auf *legit* annehmen dürfte.
[3] Zeitpart. S. 25 ff. Lattmann S. 89 stimmt hierin Hoffmann zu, während er S. 11 meinte, dafs an manchen Stellen »das Plusquamperfekt nur in künstlicher Weise zu einem logischen gestempelt werde«! Ausnahmen von der Hoffmannschen Regel giebt es allerdings. Vgl. z. B. Att. II, 12, 4: *scripsi . . ., statim ut tuas legeram*. Hoffmann erwähnt die Stelle nicht; sie kann auch schwerlich durch Annahme eines imperfektischen Charakters in *legeram* erklärt werden; dagegen spräche schon *statim*. Ich glaube, dafs *legeram* auf einer Anakoluthie beruht; Cicero dachte sich ein *scribebam* (statt *scripsi*) vorhergegangen.

selbständig betrachteten (gleichzeitigen) Zustandes anzusehen. Die relative Bedeutung, in welcher es besagt, dafs die Handlung in dem Zeitpunkte der Haupthandlung eine vollendete war, d. h. derselben vorausging, mag freilich mit der Zeit die ursprüngliche selbständige Bedeutung des Plusq. verdrängt haben.[1]

Über eine weitere Einschränkung des Gesetzes bei *antequam* und *priusquam* s. unten.

Betrachten wir nun die verschiedenen temporalen Satzarten, die für korrelativen Tempusgebrauch in Betracht kommen, im einzelnen.

A. Temporalsätze nach *postquam, simulatque, ubi, ut (cum)*.

Die mit diesen Konjunktionen eingeleiteten Temporalsätze sind nicht immer korrelativ. Eine regelmäfsige Ausnahme bilden zunächst die Sätze mit *post . . . quam*, welche die Zwischenzeit zwischen den beiden Handlungen angeben. Denn offenbar kommt es in diesen Sätzen nur darauf an, die Länge dieser Zwischenzeit festzustellen, nicht etwa die eine Handlung als Bedingung oder Voraussetzung der anderen zu bezeichnen. Vgl. Cic. Mil. 16: *post diem tertium gesta res est, quam dixerat*. Freilich kann auch das Perfekt stehen; dies ist dann als selbständiges Perf. hist. aufzufassen. Vgl. Liv. 28, 6, 1: *quadriduo post, quam appulsa classis est, urbem aggressi sunt*.

Aber auch sonst findet sich nach obigen Konjunktionen ein selbständiges Perf. hist. Stets als solches ist das Perf. aufzufassen, wenn der Hauptsatz ein Impf. oder Plusq. enthält. Vgl. Nep. Alc. 6, 3: *Hic ut e navi egressus est, quamquam Theramenes et Thrasybulus eisdem rebus praefuerant simulque venerant in Piraeum, tamen unum omnes illum prosequebantur*. Es ist klar, dafs bei *unum omnes illum prosequebantur* mehr an den Inhalt des Konzessivsatzes als an den des Temporalsatzes gedacht ist. Schon deswegen wäre ein korrelatives Verhältnis zwischen dem

---

[1] Wo indes eine Zweideutigkeit unmöglich ist, da findet sich zuweilen auch das Perfekt bei gleichzeitigen Handlungen. Vgl. fin. I, 10: *postea quidem quam fuit, quem imitarentur, . . defuit?* In der präsentischen Grundform würden *est* und *deest* stehen. So liefse sich auch wohl die oben S. 28. A. 1 citierte Stelle Ac. II, 106 erklären.

Temporalsatze und dem übergeordneten Satze unmöglich. Auch wenn es *prosecuti sunt* hiefse, würde die Natur des *egressus est* dieselbe bleiben. Und so folgt, dafs auch bei übergeordnetem Perf. hist. nicht immer ein korrelatives Verhältnis stattfindet. In manchen Fällen mag es zweifelhaft sein, ob Perf. hist. oder korrelatives Verhältnis anzunehmen ist; in andern aber ist die Sache klar. So liegt prov. cons. 5: *quo ille, posteaquam nihil exprimere ab egentibus .. potuit, cohortes in hiberna misit,* offenbar kein Perf. hist., sondern Korrelation vor. (Urteil des Augenzeugen: *non potuit: mittit.)*

Wenn es nun gilt, die verschiedenen Formen, in denen der korrelative Tempusgebrauch in den temporalen Sätzen erscheint, durch Beispiele zu belegen, so dürfen wir wohl zunächst von den Fällen der Gleichzeitigkeit absehen. Da hier, wie ich S. 58 bemerkte, das korrelative Tempusgesetz durchbrochen ist, so tritt uns keine weitere Auffälligkeit im Tempus entgegen. Doch mag hingewiesen sein auf Sätze wie Verr. II, 5, 103: *Quae omnia nunc intellegit sibi nihil prodesse, posteaquam certis litteris testibus auctoritatibusque convincitur,* wo offenbar ein kausaler Zusammenhang vorliegt.

Betreffs der Fälle der Vorzeitigkeit ist das antecedente Tempus allgemein anerkannt in iterativen und futurischen Sätzen, so dafs folgende. Formen für diese keines Beweises bedürfen:[1]

ubi gallus cecinit, surgimus.
cum surgamus, ubi gallus cecinerit.
dicunt se, ubi gallus cecinerit, surgere.
dicebant se, ubi gallus cecinisset, surgere.
ubi gallus cecinerat, surgebamus.
cum surgeremus, ubi gallus cecinisset.
ubi gallus cecinerit, surgemus.
dicunt se, ubi gallus cecinerit, surrecturos esse.
dicebant se, ubi gallus cecinisset, surrecturos esse.[2]

Ferner ist bekannt, dafs bei übergeordnetem Perfekt der Ausdruck der Vorzeitigkeit unterbleibt:

---

[1] Vgl. Lattmann a. a. O. S. 86 ff.
[2] An der Stelle Att. XIV, 22, 1, wo die Ausgaben bieten: *irrita fore, quae ille egisset, simulac desisteremus* (codd.: *desistemus) timere* ist deshalb wohl *desissemus* zu lesen.

ubi gallus cecinit, surreximus.
dicunt se, ubi gallus cecinerit, surrexisse.
dicebant se, ubi gallus cecinisset, surrexisse.

Es erübrigt noch den Nachweis zu liefern für das n i c h t iterative Präsens und Imperfekt, sowie für das Plusquamperfekt. Dafs auch bei übergeordnetem nicht iterativen Präsens die Vorzeitigkeit durch das Perfekt ausgedrückt wird, giebt auch Lattmann S. 86 f. zu, und zwar sowohl für das historische (vgl. oben S. 26), als auch für das gewöhnliche Präsens. Zu der Stelle Ter. Eun. 84: *Tremo horreoque, postquam aspexi hanc* machte die 3. Auflage der Lattmann-Müllerschen Schulgrammatik § 162, B, 2 die richtige Bemerkung: »In diesem Falle hat der Satz mit *postquam* mehr kausale als temporale Bedeutung.« Zur Ergänzung der Belegsammlung bei H. Lattmann, welchem Beispiele für *ubi* und *ut* fehlen, mögen folgende beiden Stellen dienen, die ich Dahl a. a. O. S. 143 f. entnehme. Plaut. Merc. 374: *in portum huc ut sum advectus, animus meus dolet.* Hor. epod. 7, 19: *acerba fata Romanos agunt, ut immerentis fluxit in terram Remi sacer nepotibus cruor.*

Etwas anderer Art ist die Tempusverbindung in Zeitberechnungen wie off. II, 75: *Nondum centum et decem anni sunt, cum de pecuniis repetundis a L. Pisone lata lex est.* Att. IX, 11 A, 2: *aliquot enim sunt anni, cum vos duo delegi.* · fam. XV, 16, 3: *iam biennium aut triennium est, cum virtuti nuntium remisisti.*[1]

Ein nicht iteratives Imperfekt mit korrelativem Temporalsatze findet sich Brut. 305: *is silebat, ut erat semel a contione relictus.* (Urteil des Augenzeugen: *est a contione relictus: silet.*) Cael. 34: *qui simulac pedem limine extulerat, omnis . . superabat.* (Sinn: Er hat nur den Fufs über die Schwelle zu setzen brauchen, und sofort zeigte sich seine Überlegenheit.) inv. I, 4: *cum ad gubernacula rei publicae temerarii . . . homines accesserant, . . . naufragia fiebant.* Verr. II, 5, 178: *cum signa dederat, mentio nulla fiebat.* Caes. b. civ. II, 9, 7: *Ubi, quantum storiarum demissio patiebatur, tantum elevarant, . . . exstruebant.* Das *exstruere* setzt das *elevare* voraus. Sall. Cat. 16, 2: *ubi pudorem attriverat, maiora alia imperabat.* Das *imperare* ist durch das

---
[1] Hoffmann, Zeitpart. S. 140.

atterere bedingt. Sall. Jug. 44: *Albinus, postquam decreverat non egredi provincia, milit21 stativis castris habebat.* Liv. 44, 55, 9: *ubi ad pecuniae mentionem ventum erat, ibi haesitabat.* Die Erwähnung des Geldes war die Veranlassung des Stockens. Auch die Tempusverbindung bei Zeitberechnungen mufs als eine gemeinschaftliche Tempusform angesehen werden, die ein imperfektisches Gewand annehmen kann. Vgl. Liv. IX, 33, 3: *permulti anni iam erant, cum inter patricios magistratus tribunosque nulla certamina fuerant, cum ex ea familia, cui velut fatalis lis cum tribunis ac plebe erat, certamen oritur.* Es ist nicht richtig, wenn Hoffmann[1] meint, dafs *fuerant* nur in der Anreihung des weiteren Satzes *cum . . . oritur* seinen Anlafs habe, nicht in dem Verhältnis zu seinem demonstrativen Gliede *permulti anni iam erant,* und dafs es ohne den Nachsatz *cum . . . oritur* statt *fuerant* heifsen würde *fuerunt.* Vgl. noch Curt. VII, 3, 2: *quintus erat dies, ut in eam regionem pervenerat.*[2] — Gemeinschaftliche Tempusform ist auch anzunehmen Att. V, 10, 1: *Ut Athenas veneram, exspectabam,* wo die imperfektische Fassung infolge des Briefstiles aus: *Ut Athenas veni, exspecto* eingetreten ist.

Bei übergeordnetem Konj. Impf. steht der Konj. Plusqpf. fin. V, 41: *si, simulatque ortus esset, se quisque cognosceret.* Vgl. Tusc. I, 8. I, 118. Ac. II, 88. fin. IV, 61. Beispiele für nicht iterativen Inhalt sind mir nicht bekannt.

Ein Beispiel für Ind. Plusq. bei übergeordnetem Ind. Plusq. haben wir fam. XVI, 11, 2. S. oben S. 47.

Der Konj. Plusq. bei übergeordnetem Konj. Plusq. kommt vor Att. VI, 3, 1: *nihil sane habebam novi, quod post accidisset, quam dedissem ad te litteras.* Indes ist hier wohl kein korrelatives Satzverhältnis anzunehmen, ebensowenig wie leg. agr. II, 3 und Ac. II, 9. —

Wie man sieht, findet sich das korrelative Tempus bei übergeordnetem Imperfekt und Plusquamperfekt nur spärlich. Wenn in diesem Falle der Ind. Perf. nach den in Rede stehenden Temporalkonjunktionen häufiger vorkommt[3], so wird dies darin seinen Grund

---
[1] a. a. O. S. 109.
[2] Vgl. Cic. Att. III, 21: *Triginta dies erant ipsi, cum has dabam litteras, per quos nullas a vobis acceperam.*
[3] Vgl. Hoffmann, Zeitpart. S. 7. Anm. 16.

haben, dafs das Perfekt, welches in den weitaus meisten Fällen erforderlich war, im Sprachbewufstsein allmählich den Charakter eines selbständigen Perf. hist. angenommen hatte. Das selbständige Impf. (und Plusq.) nach *postquam* u. ä. wurde offenbar auch erst dann möglich, als man auch das Perf. als selbständig betrachtete.

B. Temporalsätze nach *antequam* und *priusquam*.
Wenn es heifst: *fugere non prius desistunt, quam ad flumen pervenerunt* oder: *docere ante cogitur, quam didicit,* so ist in beiden Fällen ein korrelatives Verhältnis anzunehmen. Denn der Sinn ist: a) *nondum ad flumen pervenerunt; itaque fugere non desistunt* oder: *ad flumen pervenerunt; itaque fugere desistunt;* b) *nondum didicit; et tamen docere cogitur.* Dagegen kann in Sätzen wie or. 120: *Nescire, quid ante, quam natus sis, acciderit, id est semper esse puerum* von irgend welchem Zusammenhange zwischen dem *accidere* und dem *nasci* selbstverständlich keine Rede sein.

Die mit *antequam* und *priusquam* eingeleiteten Nebensätze haben also teils korrelativen Inhalt, teils nicht. In der Regel korrelativen Inhalt haben sie, wenn der Hauptsatz negiert ist; denn wenn ich sage, dafs etwas n i c h t früher geschieht, als etwas anderes eingetreten ist (oder eintritt), so will ich damit fast immer einen kausalen Zusammenhang zwischen den beiden Ereignissen behaupten.

Niemals korrelativen Inhalt haben die mit *antequam* eingeleiteten Nebensätze, wenn die Zwischenzeit zwischen den Ereignissen des Haupt- und Nebensatzes durch einen abl. mensurae bezeichnet ist. (Auch bei *postquam* haben wir oben S. 60 dasselbe festgestellt.) Lael. 96: *Atque id actum est praetore me quinquennio ante, quam consul sum factus.* Ac. II, 61: *cum esset mecum paulo ante, quam est mortuus.* Verr. II, 2, 46: *testamentum fecerat ... aliquanto ante, quam est mortuus.* Vgl. de or. II, 21. 154. Brut. 89. 324. Caec. 53. dom. 85. fam. IV, 4, 3. X, 3, 2. 4, 1. Att. XIII, 32, 3. div. I, 73.

Ferner ist natürlich, wie auch bei *postquam, simulatque* u. s. w., das Perfekt nach *antequam* und *priusquam* überall da ein selbständiges, historisches, wo der übergeordnete Satz ein Imperfekt oder Plusquamperfekt enthält. Att. II, 7, 2: *antequam tuas legi litteras, hominem ire cupiebam.* Brut. 49: *antequam delectata est*

Atheniensium civitas hac laude dicendi, multa iam memorabilia et in domesticis et in bellicis rebus effecerat. Vgl. Verr. II, 5, 101. fam. XIII, 1, 2. Att. III, 9, 2. XV, 7. ad Brut. II, 6, 2. rep. I, 23. leg. II, 5. Cat. M. 10. 50. Lael. 11. — Der Konj. Plusq. ohne korrelatives Satzverhältnis steht bei übergeordnetem obliquen oder irrealen Konj. Plusq. Caes. b. G. I, 43, 7. Tusc. I, 57. Aber auch bei übergeordnetem Perf. Ind. ist das Perf. Ind. nach *antequam* und *priusquam* in vielen Fällen als Perf. hist. aufzufassen, da der Gedanke ein korrelatives Verhältnis ausschliefst oder doch nicht nahelegt. Vgl. Phil. X, 14: *Ab hoc igitur viro quisquam bellum timet, qui, antequam nos id coacti suscepimus, in pace iacere quam in bello vigere maluit?* So bei negativem Hauptsatze: Verr. II, 5, 55. fam. XI, 13, 2. Att. VIII, 11 D, 7. Bei affirmativem Hauptsatze: Quinct. 81. Rosc. Am. 60. 145. Verr. II, 1, 33. 125. 2, 140. 161. 4, 7. 5, 55. Vat. 4. Phil. XII, 23. fam. III, 6, 4. 9, 1. VII, 23, 4. XI, 13, 1. Att. XII, 35, 1. nat. deor. I, 66. Ebenso bei übergeordnetem Konj. Perf.: Mur. 34. prov. cons. 37. Tusc. III, 1; bei übergeordnetem Inf. Perf.: Caecil. 29. Q. fr. I, 2, 8. Att. XIII, 37, 3. Tusc. V, 106. div. I, 56.

Bei korrelativem Inhalte sollte nun der Ausdruck der Gleichzeitigkeit ebensogut möglich sein als der der Vorzeitigkeit: man sollte meinen, dafs man ebensogut, wie es etwa heifst: *numquam affirmat ante, quam sibi persuasit,* auch sagen könne: *numquam affirmat ante, quam certo scit.* Indes ist der Ausdruck der Gleichzeitigkeit hier nur selten. Das Präsens findet sich z. B. div. I, 120: *ante efficit paene, quam cogitat.* Att. VIII, 7, 2: *ante fugit, quam scit.* Das Futurum kommt bei Cicero an folgenden zwei Stellen vor: parad. 45: *numquam eris dives ante, quam tibi ex tuis possessionibus tantum reficietur, ut ex eo tueri sex legiones possis,*[1] und Att. XIII, 48, 1: *non ante (sc. accurram), quam necesse erit.* Bei übergeordnetem Perfekt verbot sich freilich der regelrechte Ausdruck der Gleichzeitigkeit durch gleiches Tempus meist von selbst, da dieselbe von der Vorzeitigkeit nicht unterschieden werden könnte. Der Konj. Impf. an der Stelle Caes. b. G. VI, 37, 2:

---

[1] Klotz schrieb *reficiatur.* Auch Draeger II² 619 erklärt *reficietur* für falsch, wie auch Kühner II 905 *reficiatur* liest.

nec prius sunt visi obiectis ab ea parte silvis, quam castris appropinquarent steht also deshalb, weil *appropinquarunt* ausdrücken würde: »erst **nachdem** sie sich **genähert hatten**, wurden sie gesehen«; es soll aber heifsen: »erst **als** sie sich **näherten**«.[1] Dafs man sich gewöhnt hatte, die Gleichzeitigkeit bei *antequam* und *priusquam* anders zu behandeln als die Vorzeitigkeit, geht schon aus einer Vergleichung folgender Stellen hervor: rep. II, 6: *ante adesse potest, quam quisquam venturum esse suspicari queat.* de or. I, 78: *quos in amicorum negotiis res ipsa ante confecit, quam possemus aliquid de rebus tantis suspicari.* Dagegen Phil. V, 7: *ante factum vidimus, quam futurum quisquam est suspicatus.* Dasselbe ergiebt sich ferner aus dem Gebrauch der Tempora bezw. Modi bei übergeordnetem Praes. hist. In diesem Falle wird die Vorzeitigkeit regelrecht durch den Ind. Perf. ausgedrückt (Verr. II, 1, 98. II, 3, 54. Liv. VI, 29, 3), während zum Ausdruck der Gleichzeitigkeit der Ind. Praes. nicht vorkommt, sondern entweder der Konj. Praes. oder der Konj. Impf. Vgl. Caes. b. G. VII, 71, 1: *Vercingetorix, priusquam munitiones ab Romanis perficiantur, consilium capit.* b. civ. I, 22, 2: *neque prius discedunt, quam in conspectum deducatur.* I, 54, 4: *Hunc celeriter, priusquam ab adversariis sentiatur, communit.* — Caes. b. G. I, 19, 3: *Itaque prius, quam quicquam conaretur, Divitiacum ad se vocari iubet.* IV, 21, 1: *priusquam periculum faceret, . . . praemittit.* VII, 9, 5: *priusque omnes in unum locum cogit, quam de eius adventu Arvernis nuntiari posset.* Der Konj. Impf. hat in der Regel rein temporale Bedeutung, wie ja auch das erzählende *cum* den Konjunktiv der Nebentempora auch bei übergeordnetem Praes. hist. erfordert, während der Konj. Praes. meist bei final-obliquer Bedeutung des Nebensatzes steht.[2] Final-obliquen Sinn müssen wir auch annehmen beim Konj. Perf. Caes. b. G. III, 18, 7: *non prius dimittunt, quam sit concessum.*

---

[1] Unrichtig ist also die Erklärung Antons (Beobachtungen über die Konstr. der lat. Zeitpartikeln *antequam* und *priusquam*. Erfurt. 1871. S. 31 ff.), der an dieser Stelle ein *consilium* der Handelnden ausgedrückt findet. Richtig bemerkt Ilg im Korr.-Bl. f. d. Gelehrten- und Realsch. Württembergs 1886 S. 465, dafs eine solche Annahme durch die Worte *obiectis ab ea parte silvis* ausgeschlossen sei.

[2] Vgl. Ilg a. a. O. S. 464.

Vielleicht hat zu dieser unterschiedlichen Behandlung der Vorzeitigkeit und der Gleichzeitigkeit die Analogie mit *potius quam* beigetragen. Während ursprünglich auch hier das korrelative Verhältnis der Satzglieder durch Übereinstimmung der Verbalformen zum Ausdrucke kam, so dafs selbst die Infinitiv-Konstruktion auf den untergeordneten Satz übertragen wurde[1], hat später der Gebrauch des Konjunktivs die Herrschaft erlangt. Vgl. Ac. II, 3: *privabo potius quam c o m m u n i c e m.* II, 23. fin. II, 42. 66. IV, 20. 39. Tusc. II, 52. div. I, 33. II, 133. 134. or. 148. fam. VII, 2, 1 u. ö.

Der Ausdruck der Vorzeitigkeit nach *antequam* und *priusquam* ist indes überall da eingetreten, wo derselbe durch den Gedanken gefordert war. Es ist verkehrt, wenn Draeger II[2] 619 von dem logischen Perfekt sagt, dafs es »sehr zerstreut« vorkomme, und vom Fut. ex., dafs es »spärlich« vorhanden sei. Es ist ferner eine unberechtigte Einschränkung, wenn Lattmann S. 91 f. diesen Gebrauch nur für Nebensätze negativer Hauptsätze und nur für den Konj. Perf., den Konj. Plusq. und das Fut. ex., sowie für iterativen Ind. Plusq. zugiebt. Er hat hierbei überdies ganz übersehen, dafs er selbst S. 63 auch den Ind. Perf., und zwar nach affirmativem Satze, als Ausdruck der Vorzeitigkeit anerkennt. Allerdings wird in einem Satze wie: *docet ante, quam ipse didicit* durch das Perf. *didicit* nicht ausgedrückt, dafs das *discere* dem *docere* vorhergegangen sei, sondern vielmehr, dafs das *discere* dem *docere* nicht vorhergegangen ist. Das *discere* ist also von dem Sprechenden nur als vollendet gedacht. Eine Zusammenstellung der bei Cicero, Cäsar und Nepos sich findenden Belege dürfte nach dem Gesagten nicht überflüssig sein.

H: Praes. Ind. — N: Perf. Ind.[2]

a) negativer Hauptsatz: fin. IV, 65: *nec enim ille respirat, antequam emersit.* Tusc. V, 104: *nos eos nescimus, ante quam paenitere c o e p i t, contemnere.* leg. II, 57: *Nec tamen eorum ante sepulchrum est, quam iusta f a c t a et porcus c a e s u s est.* Ebd.: *prius quam in os i n i e c t a gleba e s t, locus ille . . nihil habet religionis.* — Bei historischem Präsens im Hauptsatze Verr.

---

[1] Vgl. fam. II, 16, 3: *quidvis p o t i u s perpessurum quam e x i t u r u m* mit Att. II, 20, 2: *se p r i u s occisum iri ab eo quam me v i o l a t u m iri.*

[2] H = Hauptsatz, N = Nebensatz.

II, 1, 98: *Rationes ad aerarium, antequam Dolabella condemnatus est, non audet referre.* Vgl. Liv. VI, 29, 3: *non prius se ab effuso cursu sistunt, quam in conspectu Praeneste fuit (= esse coepit;* vgl Uppenkamp a. a. O. p. 10).

b) affirmativer Hauptsatz: inv. II, 160: *per quam futurum aliquid videtur, ante quam factum est.* (So liest Friedrich mit den Handschriften statt des früheren *sit.)* de or. I, 94: *ante, quam ad discendum ingressi sumus, obruimur ambitione et foro.* II, 109: *ante praeterlabitur, quam percepta est.* III, 7: *ante in ipso cursu obruuntur, quam portum conspicere potuerunt.* Verr. II, 3, 3. (S. ob. S. 18.) Mur. 77: *cur ante petis, quam insusurravit?* Q. fr. I, 1, 38. (S. oben S. 16.) Ac. II, 8. (S. 16.) fin. III, 66. (S. 17.) IV, 65: *catuli ... caeci* (sc. *sunt) prius, quam dispexerunt.* div. I, 65: *qui ante sagit, quam oblata res est.* off. I, 117. (S. 16.) — Bei historischem Präsens im Hauptsatze Verr. II, 3, 54: *Nympho ante, quam plane constitit, condemnatur.*

Wenn die 2. Pers. Sing. dem deutschen »man« entspricht, so steht der Konjunktiv. Verr. II, 1, 39: *malum ... opprimit, antequam prospicere atque explorare potueris.*

H: Praes. Konj. — N: Perf. Konj.

a) negativer Hauptsatz: Caes. b. G. V, 58, 4: *neu quis quem prius vulneret, quam illum interfectum viderit.* Der Konjunktiv ist an dieser Stelle modus obliquus.

b) affirmativer Hauptsatz: de or. I, 251: *hoc nos si facere velimus, ante condemnentur..., quam ... citarimus.* Sull. 44: *in eum locum te deducas, ut ante, quam me ... coargueris, ... fateare?* Planc. 40. (S. oben S. 16.) fin. IV, 64: *quo minus miserrimus sit, ante quam ad eam pervenerit.* — Der Konjunktiv ist modus obliquus: fam. X, 16, 2: *cures, ut ante factum aliquod a te egregium audiamus, quam futurum putarimus.* fin. III, 16: *quod ante, quam voluptas aut dolor attigerit, salutaria appetant parvi aspernenturque contraria.*

H: Praes. Inf. — N: Perf. bezw. Plusq. Konj.[1]

a) negativer Hauptsatz: Tusc. III, 30: *nihil, ante quam evenerit, non evenire posse arbitrari.* Verr. II, 3, 133: *oportuit*

---

[1] Das Plusq. Konj. steht natürlich, wenn das verbum finitum ein Praeteritum ist.

... *nec illum ante tibi satis facere, quam tu omnium existimationi satis fecisses.* Att. I, 18, 7: *Cogimur reliquis de rebus nihil decernere ante, quam publicanis responsum sit.* Att. XV, 27, 1: *debui... non ire ante, quam me vidisset.* — Modus obliquus: fam. XII, 12, 1: *litteras, quas reddi vetui prius, quam tibi recitatae essent.* Att. III, 24, 2: *senatum nihil decernere ante, quam de nobis actum esset.* Doch kann hier *actum esset* aus dem Sinne des Senates gesagt sein.

b) affirmativer Hauptsatz: Phil. XIV, 1: *Ante vero quam sit ea res ... allata, laetitia frui satis est.* — Modus obliquus: Cat. M. 78: *homines scire pleraque ante, quam nati sint.* Cael. fam. VIII, 11, 3: *timet Caesarem consulem designari prius, quam exercitum et provinciam tradiderit.*

H: Impf. Ind. — N: Plusq. Ind.

dom. 78: *non prius hanc civitatem amittebant, quam erant in eam recepti.* Ein anderes Beispiel ist mir nicht bekannt, so dafs ich diese Tempusverbindung für affirmative und für nichtiterative Sätze nicht belegen kann. Da indes das Imperfekt im Hauptsatze überhaupt selten ist — auch mit Perf. hist. nach *antequam* kommt es nicht oft vor —, so darf nicht daran gezweifelt werden, dafs das Plusq. Ind. auch in solchen Satzarten möglich ist, für die es sich zufällig nicht belegen läfst. Ist es doch auch ein Zufall, dafs der Gen. pl. *marium* (von *mare*) nicht nachgewiesen werden kann.

Wenn Brutus fam. XI, 13, 1 sagt: *Caesari non credebam prius, quam convenissem et collocutus essem,* so ergiebt der Zusammenhang, dafs der Nebensatz als Gedanke des *non credens* aufgefafst werden mufs.

H: Impf. Konj. — N: Plusq. Konj.

a) negativer Hauptsatz: Caes. b. G. IV, 12, 2: *ut non prius fuga desisterent, quam in conspectum agminis nostri venissent.* — Modus obliquus: opt. gen. 19: *cum esset lex Athenis, ne quis populi scitum faceret, ut quisquam corona donaretur in magistratu prius, quam rationes rettulisset.* Verr. II, 3, 36: *ne quis frumentum de area tolleret ante, quam cum decumano pactus esset.* fam. II, 19, 1: *verebar ... ne ante, quam tu in provinciam venisses, ego de provincia decederem.* III, 7, 3: *ne facerent ante, quam ego rem causamque cognossem.* IX, 8, I: *ne ad te prius ipse quid scriberem, quam aliquid accepissem.* Att. I, 14, 5: *ut ante, quam rogatio lata esset, ne quid ageretur.* IV, 17, 3: *ne prius comitia haberentur, quam lex lata esset.* VII, 4, 2: *monere, ne ante in senatum accederem, quam rem confecissem.* XV, 11, 3: *non enim fuit committendum, ut ille ex Italia prius, quam a me conventus esset, discederet.* ad Brut. II, 6, 2: *ut ne prius ederent ea, quae gesta a Cassio essent, quam mihi visum esset.* Hirt. b. G. VIII, 14, 2: *ne prius Romani persequi se inciperent, quam longius agmen . . . processisset.* Nep. Them. 7, 3: *ne prius Lacedaemoniorum legatos dimitterent, quam ipse esset remissus.* Dion 8, 5: *verens, ne prius consilium aperiretur suum, quam conata perfecisset.*

b) affirmativer Hauptsatz: imp. Pomp. 62: *Quid tam singulare, quam ut . . . consul ante fieret, quam ullum alium magistratum per leges capere licuisset?* dom. 141: *praesertim illo . . . magistro, qui docere cogeretur ante, quam ipse didicisset.* Phil. XI, 7: *cum miser ille prius latronum gladios videret, quam, quae res esset, audisset.* — Modus obliquus: Quinct. 9: *ut reus, antequam verbum accusatoris audisset, causam dicere cogeretur.* leg. agr. II, 90: *arbitrabantur . . . nihil posse exsistere, quod non ante exstingui atque opprimi posset, quam plane esset ortum ac natum.* (Die beiden Negationen heben sich auf.) Caes. b. G. VII, 56, 1: *ut prius, quam essent maiores eo coactae copiae, dimicaret.* — Modus irrealis: Tusc. IV, 79: *quo modo . . . finem haberet prius, quam esset ulta, ulciscendi libido?*

H: Fut. Ind. (oder futurischer Ausdruck) ÷ N: Fut. ex.

a) negativer Hauptsatz: de or. III, 145: *neque defatigabor ante, quam . . . percepero.* Caecin. 81: *non ante veniam, quam recusaro.* Flacc. 51: *nihil tamen contra disputabo, priusquam dixerit.* Phil. VII, 8: *neve id, priusquam, quale sit, explicaro, repudietis.* fam. III, 5, 4: *nihil sum ante mandaturus, quam desperaro.* VIII, 10, 1: *neque prius desinam, quam audiero.* XVI, 14, 1: *quas ante, quam te videro, attingere non possum.* XVI, 23, 1: *non ante (sc. scribam), quam te videro.* Att. V, 14, 1: *Ante quam aliquo loco consedero, neque longas a me neque semper mea manu litteras exspectabis.* VII, 5, 5: *nec prius quidem (sc. agendum est), quam nostrum negotium aut confecerimus aut deposuerimus.* XIV, 19, 6: *nihil ante . . . constituam, quam . . . videro.* Ebd.: *neque quicquam tamen ante (sc. constituam), quam te videro.* XVI, 15, 6: *certi constituere nihil possum prius, quam te videro.* fin. II, 119: *nec ante aggrediar, quam . . . videro.* leg. . I, 3: *non ante* (sc. *respondebo), quam mihi tu ipse responderis.* Cat. M. 18: *de qua vereri non ante desinam, quam illam excisam esse cognovero.* Tim. 45: *neque prius aspiciet, quam coeperit.*

b) affirmativer Hauptsatz: Flacc. 23: *qui, priusquam hoc ,te rogo' dixeris, plura etiam effundet etc.* Phil. XI, 24: *ante provinciam sibi decretam audiet, quam potuerit tempus ei rei datum suspicari.* Tusc. II, 44: *vindicabit ante paene, quam venerit.*

H: Fut. Inf. — N: Perf. bezw. Plusq. Konj.

a) negativer Hauptsatz: fam. XII, 18, 1: *mihi videor ex tuis litteris intellegere te nihil commissurum esse temere nec ante, quam scisses, . . . quicquam certi constituturum.* Die präteritale Tempusfolge erklärt sich aus der prägnanten Natur des Präsens *videor intellegere,* bei dem an die Zeit gedacht ist, wo der Brief gelesen wurde. (Vgl. Lieven a. a. O. S. 18 f.) Ac. II, 116: *nec prius, quam Archimedes eo inspectante rationes omnes descripserit, . . . iuraturum putas?* Caes. b. G. VII, 36, 1: *de obsessione non prius agendum constituit, quam rem frumentariam expedisset.* b. civ. I, 2, 2: *non oportere ante . . . ad senatum referri, quam dilectus tota Italia habiti et exercitus conscripti essent.* Nep. Paus. 4, 3: *neque prius vim adhibendam putaverunt, quam se ipse indicasset.*

b) affirmativer Hauptsatz: Att. VIII, 11, 5: *ante puto tramissurum, quam potuerit conveniri.* Nep. Eum. 8, 6: *intellegebat prius adversarios rescituros de suo adventu, quam ipse tertiam partem confecisset itineris.*

H: Perf. Ind. — N: Perf. Ind.

a) negativer Hauptsatz: de or. II, 195: *non prius sum conatus misericordiam aliis commovere, quam misericordia sum ipse captus.* Phil. V, 15: *nec ante turpes iudices quaesiti quam honestis iudicibus nocentium salus desperata est.* Marcellus fam. IV, 11, 1: *non prius mihi persuadere potuit, quam tuis est effectum litteris etc.* ad Brut. I, 2, 2: *non prius exercitum Apollonia Dyrrhachioque movisti, quam de Antonii fuga audisti.* Caes. b. G. I, 53, 1: *neque prius fugere destiterunt, quam ad flumen Rhenum . . pervenerunt.* VII, 25, 4: *nec prius ille est a propugnatoribus vacuus relictus locus, quam . . . finis est pugnandi factus.* VII, 47, 3: *neque prius finem sequendi fecerunt, quam muro oppidi portisque appropinquarunt.* Nep. Ep. 2, 2: *neque prius eum a se dimisit, quam in doctrinis tanto antecessit condiscipulos etc.* (Hier hat *antecessit* ingressive Bedeutung; man könnte freilich auch in demselben einen Ausdruck der Gleichzeitigkeit finden, die hier unbedenklich durch das Perf. bezeichnet werden konnte, da ein Mifsverständnis unmöglich ist.) 8, 5: *neque prius bellare destitit, quam Messene restituta urbem eorum obsidione clausit.* 9, 1: *neque prius abscesserunt, quam ... Epaminondam ... concidere viderunt.* 9, 2: *neque tamen prius pugna excesserunt, quam repugnantes profligarunt.*

Den Konj. Plusq. bei Nep. Ep. 3, 3: *numquam inde prius discessit, quam ad finem sermo esset adductus* erklärt Anton a. a. O. S. 36 wohl richtig damit, dafs an die *voluntas* des Epaminondas gedacht sei.

b) **affirmativer Hauptsatz:** α) die Handlung des Nebensatzes ist gar nicht geschehen (so dafs die Annahme eines Perf. hist. völlig ausgeschlossen ist): inv. II, 62: *pupillus ante mortuus est, quam in suam tutelam venit.*[1] Cluent. 31: *fratris liberos prius vita privavit, quam illi ... lucem accipere potuerunt.* Phil. V, 7: *non (= nonne) ante factum vidimus, quam futurum quisquam est suspicatus?* fam. IX, 14, 3: *antequam me plane salutavit, ... inquit.* off. III, 94: *Atqui is, ante quam constitit, ictu fulminis deflagravit.* — β) Die Handlung des Nebensatzes ist später geschehen: part. or. 99: *quae ..., antequam res in iudicium venit, aut concertata aut diiudicata aut confecta sunt.* Lig. 7: *me, antequam vidit, rei publicae reddidit.* fam. XI, 5, 2: *cui quidem ego semper amicus fui ante, quam illum intellexi non modo aperte, sed etiam libenter cum re publica bellum gerere.* Att. XV, 1, 2: *inde ante profectus est, quam ego eum venisse cognovi.*

Da indes bei affirmativem Hauptsatze in dem Temporalsatze Handlungen bezeichnet werden, die gar nicht oder damals noch nicht zur Ausführung bezw. Vollendung gelangt sind, so ist hier vielfach das korrelative Tempusgesetz, das einen Ind. Perf. forderte, zu Gunsten des zum Ausdruck von nur Gedachtem dienenden Konjunktivs, natürlich des Plusquamperfekts, durch-

---

[1] Der Sprechende will hervorheben, dafs die Erlangung der Mündigkeit dem Tode nicht vorhergegangen ist. Ein anderer Zusammenhang ist natürlich in Sätzen wie diesem nicht anzunehmen.

brochen worden. Mit demselben wollte man wohl die Nichtantecedenz der Handlung des Nebensatzes noch deutlicher hervorheben. Vgl. de or. I, 241. (S.' oben S. 16.) Planc. 98: *antequam de meo adventu audire potuissent,* ... *in Macedoniam perrexi.* Phil. V, 47: *ita saepe magna indoles virtutis prius, quam rei publicae prodesse potuisset, exstincta est.* Att. X, 17, 1: *quam (epistulam) prius quam aperuissem, dixi ei te ad me de eo scripsisse antea, ut feceras.* XIV, 20, 2: *inde ante discessit, quam illum venisse audissem, in Samnium.* div. I, 111: *Thales omnem oleam, antequam florere coepisset, coëmisse dicitur* (wenn wir hier nicht abhängige Rede und prägnanten Gebrauch des Präs. dicitur annehmen wollen). — An der Stelle Rab. perd. 25: *quae causa ante mortua est, quam tu natus esses* kann von einem korrelativen Verhältnisse keine Rede sein; ich billige deshalb die von Halm, Kayser und Müller aufgenommene Änderung Baiters: *natus es.*

H: Perf. Konj. — N: Perf. Konj.

a) negativer Hauptsatz: prov. cons. 3: *Mitto, quod eas ita partas habent ii, qui nunc obtinent, ut non ante attigerint, quam hunc ordinem condemnarint ... exterminarint ... vexarint.*

b) affirmativer Hauptsatz: Verr. II, 5, 182: *Quid habent eorum inimicitiae periculi, quorum animos iam ante habueris inimicos et invidos, quam ullas inimicitias susceperis?* Nep. Timol. 3, 5: *de qua prius sit decretum quam Timoleontis sententia cognita* (sc. *sit).* Dem Sinne nach ist der übergeordnete Satz negativ, da er sich an einen negativen Hauptsatz anschliefst.

Der Ind. Perf. steht ausnahmsweise bei Serv. fam. IV, 5, 3: *quid horum fuit, quod non prius, quam datum est, ademptum sit?* Der Konj. Plusq. an der Stelle Sull. 44: *cum ... prius etiam edituri iudicium fuerint scribae mei, si voluisses, quam in codicem rettulissent* war wegen der Irrealität des Gedankens notwendig.

Ganz auffallend ist inv. II, 122: *si filius, antequam in tutelam suam veniat, mortuus sit.* Ich vermute, dafs es *venerit* (oder auch *venisset*) heifsen mufs, nach Brut. 195 und top. 44, oder *venit* nach fam. IV, 5, 3, oder aber *veniret* nach de or. I, 180.

H: Perf. Inf. — N: Perf. bezw. Plusq. Konj.

a) negativer Hauptsatz: de or. I, 170: *solitus est dicere ... neque se ante causas amicorum tractare atque agere coepisse, quam ius civile didicisset.* fin. V, 4: *scis . . . neque ad hospitem ante devertisse, quam Pythagorae ipsum illum locum, ubi vitam ediderat, sedemque viderim.* — Der Ind. Perf. steht Verr. II, 3, 60: *scitote . . . neque ante dimissum, quam ad condicionem eius depectus est.*

b) **affirmativer Hauptsatz**: Brut. 330: *doleo me . . ., priusquam confectum iter sit, in hanc rei publicae noctem incidisse.* fam. IX, 10, 3: *te tamen hoc scire volo . . . populum sollicitum fuisse . . ., antequam certum scierit.*

In irrealem Satze: fam. III, 6, 2: *te antea, quam tibi successum esset, decessurum fuisse.*

H: Plusq. Ind. — N: Plusq. Ind.

Att. IV, 15, 6: *is erat ante manumissus quam productus* (sc. *erat*).

Natürlich kann, wie bei übergeordnetem Ind. Perf., auch hier nach affirmativem Hauptsatze der Konj. Plusq. stehen. Verr. II, 2, 171: *Hic Carpinatius, ante quam in istius familiaritatem tantam pervenisset, aliquotiens ad socios litteras de istius iniuriis miserat.*

H: Plusq. Konj. — N: Plusq. Konj.

a) **negativer Hauptsatz**: Balb. 28: *cum hanc ante amittere non potuissent, quam hoc solum civitatis mutatione vertissent.* — Modus irrealis: Nep. Iphicr. 2, 5: *non prius Thebani Sparta abscessissent, quam captam incendio delessent.*

b) **affirmativer Hauptsatz**: Modus obliquus: Verr. II, 2, 55: *de hoc, qui, antequam aditum in ius esset, antequam mentio denique controversiae facta esset ulla, discessisset, putabant nihil agi posse.* Caes. b. G. II, 32, 1: *Ad haec Caesar respondit: Se . . . eorum civitatem conservaturum, si prius, quam murum aries attigisset, se dedidissent.* — Modus irrealis: Brut. 195: *si pupillus ante mortuus esset, quam in suam tutelam venisset.* top. 44: *ut si filius natus esset . . . isque mortuus prius, quam in suam tutelam venisset.*

H: Fut. ex. — N: Fut. ex.

a) **negativer Hauptsatz**: fam. X, 20, 2: *nec tamen erimus prius* (sc. *liberati*)*, quam ita esse tu nos feceris certiores.*

b) **affirmativer Hauptsatz**: Mil. 99: *si quid mihi acciderit, priusquam hoc tantum mali videro.*

C. Temporalsätze nach *dum, donec, quoad*.

1. *Dum, donec, quoad*, wie auch *quamdiu*, in der Bedeutung »so lange als« verbinden sich in der Regel mit demselben Tempus, das der Hauptsatz hat; z. B. Att. IX, 10, 3: *aegroto, dum anima est, spes esse dicitur.* Catil. III, 7: *ille erat unus timendus . . ., sed tam diu, dum moenibus urbis continebatur.* off. I, 2: *tam diu velle debebis, quoad te, quantum proficias, non paenitebit.* Nep. Cat. 2, 4: *quoad vixit, virtutum laude crevit.* Das Plusq. und Fut. ex. lassen sich indes nicht belegen. Vgl. Lattmann, de coinc. p. 17 sq.

Dafs die Übereinstimmung der Tempora nicht auf der Kongruenz der Handlungen beruht, dürfte schon daraus hervorgehen, dafs diese Übereinstimmung nicht ganz selten vernachlässigt wird. Der Schriftsteller hat in diesen Fällen eine Korrelation der Gedanken nicht bezeichnen wollen oder nicht bezeichnen können. Vgl. Tusc. I, 101: *Fuit haec gens fortis, dum Lycurgi leges vigebant.* rep. III, 42: *quem tu, quoad vixit, omnibus anteponebas.* Att. III, 19, 1: *Quoad eiusmodi mihi litterae a vobis afferebantur, ut aliquid ex iis esset exspectandum, spe et cupiditate Thessalonicae retentus sum.* VI, 1, 3: *quoad mecum rex fuit, perbono loco res erat.* VI, 5, 1: *unde quidem quam diu afuisti, magis a me abesse videbare, quam si domi esses.* VII, 26, 3: *Dionysio, dum existimabam vagos nos fore, nolui molestus esse.* XII, 40, 2: *dum tua me domus levabat, quis a me exclusus est?*

2. Für *dum, donec, quoad* in der Bedeutung »bis« gilt dasselbe, wie für *antequam* und *priusquam*. Der Ausdruck der Gleichzeitigkeit bei korrelativem Inhalte wird in der Regel vermieden, während die Vorzeitigkeit überall da ausgedrückt wird, wo der Gedanke es verlangt. Es ist dann die Vollendung der Handlung des Nebensatzes die Voraussetzung des Aufhörens der Haupthandlung. Nur wenn der Satz finalen Sinn hat *(dum = ut interea)*, steht das Impf. Konj. auch für das deutsche Plusquamperfekt.

Anerkannt ist ein derartiger Ausdruck der Vorzeitigkeit indes nur für das bei einem übergeordneten Futurum notwendige Futurum exaktum. Vgl. Lattmann S. 91. Nach meiner Meinung ist aber auch dies eine unberechtigte Einschränkung.

H: Praes. Ind. — N: Perf. Ind.

off. III, 89: *quoad perventum est eo, quo sumpta navis est, non domini est navis, sed navigantium.* Klotz schrieb *perventum sit.*

H: Praes. Konj. — N: Perf. Konj.

fin. IV, 65: *a quo abesse velis, donec evaseris.* Phil. XI, 31: *Interea provinciae ab iis, a quibus obtinentur, obtineantur, quoad cuique ex senatus consulto successum sit.* Vgl. Colum.. 12, 26: *coquas, dum decocta sit.*

H: Praes. Inf. — N: Perf. bezw. Plusq. Konj.

fin. V, 60: *Itaque nostrum est . . ad ea principia, quae accepimus, consequentia exquirere, quoad sit id, quod volumus, effectum.* Phil. III, 38: *Senatum ad summam rem publicam pertinere arbitrari . . . obtineri ex lege Iulia, quoad ex senatus consulto cuique eorum successum sit.* Phil. X, 26: *senatuique placere Q. Hortensium . . . provinciam Macedoniam obtinere, quoad ei ex senatus consulto successum sit.* Caes. b. G. V, 24, 8: *Ipse interea, quoad legiones collocatas munitaque hiberna cognovisset, in Gallia morari constituit.* Nep. Ham. 1, 4: *ut statim mente agitaret ... Romanos armis persequi, donicum aut virtute vicissent aut victi manus dedissent.*

H: Impf. Ind. — N: Plusq. Ind.

Diesen Fall kann ich nicht belegen; ich zweifle indes nicht im mindesten, dafs es heifsen mufs: *provincia a proconsule obtinebatur, quoad ei ex senatus consulto successum erat.*

H: Impf. Konj. — N: Plusq. Konj.

rep. II, 23: *ut, quoad certus rex declaratus esset, nec sine rege civitas nec diuturno rege esset uno nec committeretur etc.* fam. VIII, 8, 8: *in sortem coicerentur, quoad is numerus effectus esset etc.* Caes. b. G. IV, 11, 6: *sustinerent, quoad ipse cum exercitu propius accessisset.* An der Stelle Nep. Eum. 2, 2: *ex quo omnes coniecerant eum regnum ei commisisse, quoad liberi eius in suam tutelam pervenissent* steht *regnum* für *ut regnaret.*

H: Fut. Ind. — N: Fut. ex.

fam. XII, 19, 3: *mihi quidem usque curae erit, quid agas, dum, quid egeris, sciero.* Att. XVI, 16, 16: *non faciam finem rogandi, quoad nobis nuntiatum erit te id fecisse, quod magna cum spe exspectamus.*

H: Fut. Inf. — N: Perf. bezw. Plusq. Konj.
fam. I, 9, 25: *se . . imperium habiturum, quoad in urbem introisset.* Caes. b. civ. I, 10, 4: *Interea, quoad fides esset data, . . . non intermissuros consules Pompeiumque dilectus.*
H: Perf. Ind. — N: Perf. Ind.
Verr. I, 16: *Mansit . . . usque ad eum finem, dum iudices reiecti sunt.* Verr. II, 1, 17: *usque eo timui, donec venimus.* Tull. 14: *quem se habere usque eo non moleste tulit, donec vicinum eiusmodi nactus est.* dom. 70: *ex Kalendis Ianuariis, quoad perfecta res est, de me rettulisti, legem promulgasti, tulisti.* Dei. 11: *usque eo se tenuit, quoad a Cn. Pompeio ad eum legati litteraeque venerunt.* Caes. b. G. V, 17, 3: *neque finem sequendi fecerunt, quoad . . . praecipites hostes egerunt.* Nep. Ep. 9, 4: *Epaminondas ferrum . . . usque eo retinuit, quoad renuntiatum est vicisse Boeotios.*
H: Perf. Inf. — N: Perf. bezw. Plusq. Konj.
Diese regelmäfsige Tempusverbindung mit dem Konjunktiv kann ich nicht belegen; dagegen findet sich der Ind. Perf. Sest. 82: *usque adeo hominem in periculo fuisse, quoad scitum est Sestium vivere.*

Kein korrelatives Satzverhältnis liegt natürlich vor Verr. II, 4, 87: *Neque tamen finis huic iniuriae . . fiebat, donec populus . . . senatum clamore coegit,* und Mil. 28: *Milo autem cum in senatu fuisset eo die, quoad senatus est dimissus* etc. Das Perfekt ist hier ein historisches. Ebenso verbietet der Sinn die Annahme einer Korrelation Verr. II, 2, 62: *Romae biennium prope fuerunt, quoad L. Metellus in provinciam profectus est.*

§ 8.
Das korrelative Tempusgesetz in verallgemeinernden Relativsätzen.

Die mit den verallgemeinernden Relativen *(quisquis, quicumque, quotquot, quotcumque, ubicumque, quocumque, quacumque, quotienscumque* u. ä.) eingeleiteten Nebensätze stehen, wenn sie einen integrierenden Teil des Satzes bilden, in der Regel in korrelativem Verhältnis zum übergeordneten Satze. In diesem Falle gilt für sie das von mir aufgestellte Tempusgesetz. Wenn die verallgemeinernden Relativsätze aber nur die Bedeutung einer Parenthese haben, so stehen sie in keinem korrelativen Verhältnisse zum Hauptsatze; z. B. Catil. III, 6: *Litterae, quaecumque erant, traduntur.* Arch. 13: *quae, quantacumque in me est, numquam amicorum periculis defuit.* or. 106: *easque nos primi, quicumque eramus et quantulumcumque dicebamus, ad huius generis audiendi incredibilia studia convertimus.* Att. IX, 2a, 3: *nec enim ferre potero sermones istorum, quicumque sunt.* XII, 42, 1: *mihi tamen illud, quicquid erat, non molestum fuit.* or. 12: *fateor me oratorem, si modo sim aut etiam quicumque sim, non ex rhetorum officinis, sed ex Academiae spatiis exstitisse.* de or. I, 117: *non intellegit illa ipsa facultate, quamcumque habet, magnam esse in civitate gratiam consecutum.* Caes. b. G. I, 31, 14: *fortunamque, quaecumque accidat, experiantur.*

Auch wenn der Relativsatz an ein *omnes* in dem übergeordneten Satze sich anschliefst, findet oft kein korrelatives Satzverhältnis statt. Das beweist das Impf. nach Praes. hist. bei Hirt. b. G. VIII, 5, 3: *Equites tamen et auxiliarios pedites in omnes partes mittit, quascumque petisse dicebantur hostes.* Vgl. de or. I, 9: *qui . . . omnia, quaecumque possent, vel scientiae pervestigatione vel disserendi ratione comprehenderint.* II, 44: *non omnia, quaecumque loquimur, mihi videntur ad artem . . . esse revocanda.*

Aber auch sonst ist zuweilen ein korrelatives Verhältnis durch den Gedanken ausgeschlossen, wenn auch der Relativsatz einen integrierenden Teil des Satzes bildet; z. B. Att. VIII, 15 A, 3: *is, quaecumque tibi Caesar dixit . . ., re tibi probabit.* Ac. II, 96: *quicquid eodem modo concluditur, probabitis.* Att. III, 19, 2: *quoquo modo coeptum est et quacumque de causa, non deseram.*

Ich lasse jetzt die bei Cicero, Cäsar und Nepos sich findenden Belege für die Tempora in solchen verallgemeinernden Relativsätzen, die korrelativen Inhalt haben, folgen.

A. Vorzeitigkeit.

H: Praes. Ind. — N: Perf. Ind.

de or. II, 151: *quaecumque res proposita est, suscipiunt.* III, 22: *una est enim . . . eloquentia, quascumque in oras . . . delata*

est. III, 192: *qui debilitatur, in quacumque est parte titubatum.*
Verr. II, 3, 217: *quicumque fecit, supplicio dignus est.* Scaur. 46:
*Undique mihi suppeditat, quod pro M. Scauro dicam, quocumque non
modo mens, verum etiam oculi inciderunt.* (So richtig Klotz,
Kayser und Halm statt des handschriftlichen, von Müller mit
Unrecht aufgenommenen *inciderint*[1].) Mil. 1: *qui quocumque
inciderunt, consuetudinem fori . . . requirunt.* Marc. 6: *quicquid prospere gestum est, id paene omne ducit suum.* Lig. 29:
Quicquid dixi, ad unam summam referri volo etc. Phil. III, 31:
caedit greges . . ., quodcumque nactus est. fam. VII, 24, 1:
quoquo me verti, vestigia (sc. *sunt*). XV, 21, 1: *tibi facetum
videtur, quicquid ego dixi.* Att. IV, 7, 2: *quid enim vereris, quemcumque heredem fecit?* X, 6, 2: *quicquid ego adstrinxi, relaxat.*
XIV, 17, 6: *quacumque nos commovimus, ad Caesaris cogitata
revocamur.* Ac. II, 8: *ad quamcumque sunt disciplinam delati,
ad eam adhaerescunt.* fin. V, 81: *Quod autem satis est, eo quicquid
accessit, nimium est.* (So richtig Müller, während alle Handschriften und Ausgaben, auch Madvig, der die Stelle wohl übersehen hatte, *accesserit* boten.) Tusc. III, 67: *facilius ferunt, quicquid accidit.* V, 33: *quodcumque . . . percussit, id dicimus.*
nat. deor. I, 66: *quodcumque in solum venit, ut dicitur, effingis
atque efficis.* II, 41: *idemque, quocumque invasit, cuncta disturbat
ac dissipat..* II, 125: *alter alterius ubicumque nanctus est ova
frangit.* Cat. M. 52: *Vitis . . . claviculis suis quasi manibus,
quicquid est nacta, complectitur.* parad. 18: *quocumque adspexisti,
tuae tibi occurrunt iniuriae.* 39: *quicquid denuntiatum est, facit.*
(Hier stellte Madvig den von den Handschriften und Ausgaben
verworfenen Indikativ wieder her.) Caes. b. civ. III, 112, 3:

---

[1] Bekanntlich hat Madvig nachgewiesen, dafs das relative Perfekt in zahlreichen Fällen von den Handschriften verkannt worden ist. Vgl. zu fin. V, 41, ferner Advers. crit. II, 448 sq. und 521. Opusc. acad. II, 281. Em. Liv. p. 354 u. 621. Die übereinstimmende LA. der Handschriften hat aus diesem Grunde aufser an obiger Stelle geändert werden müssen: fin. IV, 37 (*perduxerit*). V, 55 (*processerint*), 61 (*vicerint*), 81 (*accesserit*). Tusc. IV, 24 (*inveteraverit* und *insederit*). div. II, 31 (*factus esset*). rep. I, 65 (*coeperit*). Ebd. (*attulerit*). rep. I, 66 (*hauserit*, wo Hoffmann, Zeitp. S. 124 das notwendige *hausit* eine »mehr als leichtfertige Änderung« nennt). parad. 39 (*denuntiatum sit*). Rosc. Am. 56 (*venerint*).

quaeque ibi cumque naves . . . paulum suo cursu decesserunt, has . . . diripere consuerunt. Übergeordnetes Praes. hist.: Caes. b. civ. II, 11, 1: *quicquid incidit, fastigio musculi elabitur.* II, 15, 3: *quicquid est contignatum, cratibus consternitur.* Vgl. Liv. X, 41, 9: *perrumpitque ordines, quacumque impetum dedit.* Der Konjunktiv steht natürlich, wenn die 2. Pers. Sing. dem deutschen »man« entspricht. de or. II, 252: *quibuscumque verbis dixeris, facetum est.* nat. deor. I, 104: *Quicquid enim horum attigeris, ulcus est.* div. II, 146: *quo te cumque verteris, persequitur.* Lael. 22: *quoquo te verteris, praesto est.* parad. 20: *ipsum quidem illud peccare, quoquo verteris, unum est.*

Die Antecedenz ist nicht ausgedrückt Caes. b. G. VII, 4, 3: *quoscumque adit ex civitate, ad suam sententiam perducit.* Wir sind indessen nicht berechtigt, den Text zu ändern und etwa *adiit* zu schreiben, da der Lateiner in der That zuweilen die Vorzeitigkeit nicht zum Ausdruck bringt. Für Livius hat dies Madvig (zu fin. V, 41) nachgewiesen. Bei übergeordnetem Präs. Ind. kommt indes bei Cicero, Cäsar und Nepos kein anderes Beispiel vor. Denn fin. III, 40: *quaecumque rebus iis, de quibus hic sermo est, nomina imponis, memoriae mando* haben wir uns das *imponere* und *mandare* als gleichzeitig zu denken.

H: Praes. Konj. — N: Perf. Konj.

de or. I, 67: *efficiet, ut, quamcumque rem cognoverit, de ea dicat* etc. I, 145: *habet . . ., quo intuens ab eo, quodcumque sibi proposuerit, minus aberret.* II, 102: *quicquid . . . cogitarit, in medium proferat.* III, 55: *ut quocumque incubuerit, possit impellere.* imp. Pomp. 37: *quantas calamitates, quocumque ventum sit, nostri exercitus ferant, quis ignorat?* leg. agr. II, 59: *constituitur, ut, quicumque de provincia decesserit, . . . profiteatur.* Q. fr. II, 14, 1: *Hoc facio semper, ut, quicumque calamus in manus meas venerit, eo utar.* Att. VIII, 1, 3: *eundum, ut, quemcumque fors tulerit casum, subeam.* XIV, 13, 3: *videamus . . . ut, quicquid acciderit, . . . feramus.* Ac. II, 34: *usu venire solet, ut, quicquid dixerint, . . . interrogentur.* fin. II, 53: *qui, quicquid fecerit, ipse se cruciet.* Tusc. IV, 38: *ut, quemcumque casum fortuna invexerit, hunc apte et quiete ferat.* off. II, 70: *cum, quicquid factum sit, se spectatum, non fortunam putet.* Cat. M.

70: *modo, in quocumque fuerit actu, probetur.* Caes. b. civ. I, 33, 3: *qui ... reliquasque res, quascumque ... instituerit, impediat* (Mod. obl.).

Die Vorzeitigkeit ist nicht zum Ausdruck gekommen Tusc. III, 28: *ut, quicumque intueatur in aliquod maius malum, si id sibi accidisse opinetur, sit continuo in aegritudine.* Es soll hier aber wohl das *intueri* und das *in aegritudine esse* noch als gleichzeitig gedacht werden. Ac. II, 104: *ut sequens probabilitatem, ubicumque haec aut occurrat aut deficiat, aut ,etiam' aut ,non' respondere possit.* off. III, 20: *licentiam dat, ut, quodcumque maxime probabile occurrat, id nostro iure liceat defendere.* Vgl. fin. IV, 43 und 47.

H: Praes. Inf. — N: Perf. bezw. Plusq. Konj.

de or. I, 178: *defendebamus, quicquid fuisset incommodi ..., praestare debere.* II, 66: *est oratoris, quaecumque res infinite posita sit, de ea posse dicere.* III, 124: *cum liceat oratori ..., ubicumque constiterit, consistere in suo.* Verr. II, 5, 143: *ubicumque ... violatum ius civium Romanorum sit, statuitis id pertinere etc.* Caec. 96: *concedis non quicquid populus iusserit, ratum esse oportere.* Cluent. 148: *quaerere ... quicumque fecerit etc.* 159: *neque sibi, quodcumque concupierit, licere.* 193: *nemo erat ..., quin expiandum illum locum esse arbitraretur, quacumque illa iter fecisset.* Catil. I, 18: *quicquid increpuerit, Catilinam timeri non est ferendum.* Cael. 11: *quoquo modo a suis custoditus esset, tamen ... effugere non poterat.* Marc. 10: *ut, quicquid fecerit, id esse salvum velis.* Phil. VIII, 26: *Caveri etiam volt ..., quicquid contra leges commiserint.* fam. V, 21, 3: *quicquid illinc nuntiatum sit, non longe abesse.* VI, 21, 1: *quicquid evenerit, ferre moderate.* X, 1, 4: *quicquid contuleris, id ita me accipere etc.* Q. fr. I, 1, 9: *esse, quocumque veneris, ... laetitiam.* fin. IV, 28: *Cuiuscumque enim modi animal constitueris, necesse est ... esse in animo quaedam similia etc.* Tusc. I, 79: *Volt ..., quicquid natum sit, interire.* leg. II, 46: *ut non difficile sit ..., quaecumque nova causa consultatione acciderit, eius tenere ius.* II, 53: *super dicebant, quicquid cepisset, adstringi.* parad. 23: *quamcumque in domum stuprum intulerint, eandem esse labem lubidinis?* Caes. b. G. V, 44, 1: *illis reservari, quaecumque Romani reliquissent.*

Der Ind. Perf. steht de or. II, 18: *quocumque in loco, quoscumque inter homines visum est, . . . disputare.* leg. agr. II, 59: *‚Aurum, argentum . . . ad quoscumque pervenit neque relatum est in publicum neque in monumento consumptum', id profiteri apud decemviros et eos referre iubet.* Hier erklärt sich der Indikativ aus dem Citat.

Die Vorzeitigkeit ist nicht ausgedrückt Q. Rosc. 56: *quodcumque sibi petat socius, id societatis fieri.* fin. IV, 47: *qui, quodcumque in mentem veniat, aut quodcumque occurrat, se sequi dicent.* nat. deor. III, 92: *hanc igitur, quocumque se moveat, efficere posse, quicquid velit.* Caes. b. G. IV, 7, 3: *quod Germanorum consuetudo sit a maioribus tradita, quicumque bellum inferant, resistere neque deprecari.* —

Das übergeordnete Verbum steht im Partizipium: Pis. 99: *quicquid increpuisset, pertimescentem.*

H: Impf. Ind. — N: Plusq. Ind.

Verr. II, 1, 64: *quocumque venerat, investigare solebat.* II, 2, 63: *quisquis erat eductus, duci iubebat.* II, 3, 94: *quemcumque equitem Romanum in provincia viderant, . . . prosequebantur.* II, 4, 31: *quicquid illis placuerat, perdendum erat.* II, 5, 145: *Quaecumque navis . . . venerat, statim . . . tenebatur.* II, 5, 146: *Quicumque accesserant . . ., eos Sertorianos milites esse dicebat.* Sest. 68: *quocumque venerat, quod iudicium cumque subierat, damnabatur.* Pis. 29: *quacumque de re verbum facere coeperatis . . ., cunctus ordo reclamabat?* Ac. II, 2: *Haerebant in memoria, quaecumque audierat et viderat.* Caes. b. G. IV, 26, 1: *quibuscumque signis occurrerat, se aggregabat.* VII, 46, 2: *quicquid . . . accesserat, id augebat.* VIII, 42, 2: *quaecumque . . . missa erant, . . . comprehendebant.* b. civ. II, 41: *Hi quamcumque in partem impetum fecerant, hostes loco cedere cogebant.*

Die Vorzeitigkeit ist nicht ausgedrückt Verr. II, 2, 172: *omnia, quaecumque Carpinatius postulabat, facere ac decernere solebat.* Man beachte das *omnia*, sowie ferner die Verwandtschaft des Verbums *postulare* mit den Ausdrücken des Bittens und Fragens. Caes. b. civ. III, 64, 1: *quodcumque addebatur subsidio, id . . . terrorem ac periculum augebat.*

H: Impf. Konj. — N: Plusq. Konj.[1] .

Q. Rosc. 3: *quis parens filio tribuit, ut, quodcumque rettulisset, id ratum haberet?* Cluent. 57: *eo animo, ut, quaecumque dicendi potestas esset data, in honore atque in beneficio ponerent.* Marc. 24: *quin . . ., quicumque belli eventus fuisset, multa perderet etc.* Phil. I, 38: *ea dixi, ut, quicumque casus consecutus esset, exstaret constantiae meae testimonium.* fin. V, 96: *ita mihi dives videbatur, ut ab ea petere possem, quicquid in studiis nostris concupissem.* div. II, 110: *perfecit, ut, quodcumque accidisset, praedictum videretur.* rep. I, 50: *cum esset habendus rex, quicumque genere regis natus esset.* Caes. b. civ. I, 75, 1: *sic paratus . . ., ut, quicumque accidisset casus, hunc quieto . . . animo ferret.* Nep. Alc. 3, 5: *Quare fiebat, ut omnium oculos, quotienscumque in publicum prodisset, ad se converteret.* — Modus obliquus: leg. III, 5: *tulit, ut omnia, quaecumque ille fecisset, essent rata.* Vat. 19: *ut, quicumque te aspexisset, duplicem dolorem . . . susciperet.* Phil. X, 12: *alter eam legem sibi statuerat, ut, quocumque venisset, lux venisse quaedam . . . videretur.* off. II, 64: *imperavisse, ut omnia praeberentur, quicumque Laciades in villam suam devertisset.* — Modus irrealis: de or. I, 43: *instaret Academia, quae, quicquid dixisses, id te ipsum negare cogeret.* II, 15: *Equidem, quaecumque vos causa huc attulisset, laetarer.* Verr. II, 1, 75: *Quicquid esset sine his actum, omnes probarent.* II, 2, 87: *quod, si donum abstulisset, non diu Scipionis appellarentur, sed eorum, ad quoscumque illius morte venissent.* Phil. I, 20: *At si ferretis, quicumque equo meruisset, quod est lautius, nemini probaretis.* Att. XI, 13, 3: *quicquid egisset, recte esse actum putarem.* leg. I, 29: *Quodsi depravatio consuetudinum non imbecillitatem animorum torqueret et flecteret, quocumque coepisset, sui nemo ipse tam similis esset etc.*

Die Vorzeitigkeit ist **nicht** ausgedrückt Q. Rosc. 54: *cum praesertim . . ., quodcumque tibi exigeres, id in societatem recideret.* fam. VI. 13, 5: *quaecumque acciderent, ferre deberes.* (Vgl. fin. V, 55: *si accidat.*) fin. IV, 43: *quibus commotus sapiens appeteret aliquid, quodcumque in mentem incideret et quodcumque*

---

[1] In vielen Beispielen bezeichnet der Konjunktiv etwas in der Zukunft Gedachtes.

tamquam occurreret. (Vgl. oben S. 81 und part. or. 137: *si incidet;* fam. IX, 16, 2: *nisi incidat.*)
H: Fut. Ind. oder futurischer Ausdruck — N: Fut. ex. inv. II, 143: *Quamcumque ... rem ... scripto ipso defenderit, cum aequitate causa abundabit, necessario multum proficiet.* de or. I, 6: *quocumque te ... converteris, videbis.* I, 64: *quaecumque res inciderit ..., ... memoriter dicet.* II, 137: *quotienscumque ... receptus non erit, totiens causa nova nascetur.* Rosc. Am. 93: *quicquid tu contra dixeris, id cum defensione nostra contendito.* Cluent. 90: *quemcumque rogaveris, hoc respondebit.* leg. agr. II, 70: *quoquo pretio coëmptus erit, inducetur.* Sest. 146: *quotienscumque me viderit, ingemescet.* Pis. 94: *Neque legetur, quisquis voluerit, nec, quisquis noluerit, non legetur.* Planc. 14: *quotienscumque praeteritus erit is, qui non debuerit praeteriri, totiens oportebit ... condemnari.* 20: *in quemcumque Arpinatem incideris, ... erit ... tibi fortasse etiam de nobis aliquid ... audiendum.* 48: *Quamcumque tribum ... delegeris, ... tu ostendito, si poteris, vitium.* Phil. II, 113: *quoquo modo nobiscum egeris, ... non potes esse diuturnus.* XI, 30: *utique, quamcumque in provinciam ... advenerit, ibi maius imperium C. Cassi pro consule sit, quam eius erit etc.* (Wegen erit darf advenerit nicht als Perf. Konj. aufgefaſst werden.) fam. I, 2, 4: *quicquid erit actum, scribam.* III, 3, 2: *quicquid feceris, approbabo.* V, 11, 3: *quamcumque ei fidem dederis, praestabo.* V, 19, 2: *quicquid statueris, te mihi amicum ... iudicabo.* VIII, 10, 4: *intra finis hos, quaecumque acciderint, vertentur.* X, 5, 3: *quicquid subveneris, id erit totum ... tuum.* XII, 22, 2: *quicquid acciderit, feram.* XIII, 13: *cui quibuscumque rebus commodaveris, ... erit gratum.* XIII, 16, 4: *quicquid ei commodaveris, erit ... gratum.* XIII, 48: *quibus tu quaecumque commodaris, erunt mihi gratissima.* XIII, 53, 2: *quicquid officii ... contuleris, id te existimabo ... contulisse.* (Kann auch auf contulisse bezogen werden.) Att. II, 4, 3: *quicquid indagaris ..., facito ut sciam.* VII, 17, 5: *quicquid huc erit a Pompeio allatum, statim ad te scribam.* IX, 9, 1: *ne destiteris ad me, quicquid tibi in mentem venerit, scribere.* IX, 15, 4: *quicquid egero, continuo scies.* XII, 14, 1: *quemcumque appellaris, nemo negabit.* XII, 18, 4: *quicquid feceris, id cum recte, tum etiam mea causa factum putabo.*

XII, 33, 1: *scribes . . ., quicquid egeris.* XII, 36, 1: *in agro ubicumque fecero, mihi videor assequi posse, ut posteritas habeat religionem.* (Fecero ist auf habeat bezogen.) XIII, 12, 2: *posthac quicquid scripsero, tibi praeconium deferam.* Ac. II, 99: *quicquid acciderit, utetur eo sapiens.* II, 119: *quamcumque sententiam probaverit, eam sic animo comprensam habebit.* fin. II, 71: *quicquid fecerit, obtinere (poterit).* III, 34: *quantumcumque eo addideris, in suo genere manebit.* IV, 69: *quod erit cumque visum, ages.* nat. deor. I, 84: *ut tu Velleius* (sc. *eris), quocumque veneris.* div. II, 21: *quoquo modo nos gesserimus, fiet tamen illud, quod futurum est.* II, 24: *quoquo se verterint Stoici, iaceat necesse est omnis eorum sollertia.* leg. II, 46: *quod ad cumque legis genus me disputatio nostra deduxerit, tractabo.* III, 6: *quodcumque senatus creverit, agunto.* III, 8: *quotcumque senatus creverit populusve iusserit, tot sunto.* Q. Cic. de pet. cons. 42: *cuius . . . sermo ad eorum, quoscumque convenerit, sensum . . . accommodandus est.*

An einigen Stellen steht das Fut. ex., wo wir das einfache Futur erwarten. de or. II, 244: *ne, quotienscumque potuerit dictum dici, necesse habeamus dicere.* fam. I, 9, 22: *quocumque tempore mihi potestas praesentis tui fuerit, tu eris omnium moderator consiliorum meorum.* VI, 16: *ut absentem me, quibuscumque in rebus opus fuerit, tueare.* XII, 10, 2: *quibuscumque potuero rebus ornabo.* XII, 14, 4: *ut . . ., quocumque tempore occasionem habueris, . . . laudi nostrae suffragere.*

Die Vorzeitigkeit ist nicht ausgedrückt inv. II, 138: *quamcumque causam assumet, defendet.* Phil. XII, 28: *Omnia ad senatum mea sententia reiciam, quaecumque postulabit Antonius.* (S. oben S. 82.) fam. IX, 17, 1: *fiet enim, quodcumque volent, qui valebunt.* Att. IX, 19, 4: *quicquid veniet in mentem, scribas velim.* XI, 25, 1: *scribas ad me, quicquid veniet tibi in mentem.* Ac. II, 101: *quaecumque res eum sic attinget, movebitur.* Vgl. Hor. carm. I, 9, 14. Dagegen haben wir fin. V, 29: *quotienscumque dicetur male quis de se mereri . . ., intellegatur aliquam subesse eiusmodi causam etc.* uns das *dici* und das *intellegi* wohl als gleichzeitig zu denken.

H: Fut. Konj. (= Praes. oder Impf. Konj. der coniug. periphr.) — N: Perf. bezw. Plusq. Konj.

fam. VI, 4, 1: *ut, utercumque vicerit, non sit mirum futurum.* ad Brut. I, 15, 10: *in quo bello non, utracumque pars vicisset, tamen aliqua forma esset futura rei publicae.* H: Fut. Inf. — N: Perf. bezw. Plusq. Konj. de or. III, 29: *sic iudicare soleo, quicquid aut addideris aut mutaveris aut detraxeris, vitiosius et deterius futurum.* Verr. II, 3, 69: *Videbant Agyrinenses, quicquid ad eos recuperatores Apronius attulisset, illum perfacile probaturum.* II, 3, 133: *nisi hoc ita statuisses, . . quicquid dixisses, te deterius esse facturum.* II, 5, 167: *quocumque venerint, hanc sibi rem praesidio sperant futuram.* Flacc. 33: *existimavit, quocumque tempore auditum quid esset de praedonibus, . . . classem se comparaturum.* Mil. 9: *qui, quoquo modo quis interfectus sit, puniendum putet.* 95: *quemcumque cursum fortuna dederit, se secum ablaturum esse dicit.* fam. IV, 1, 2: *ut exploratum habeam, quicquid nos communi sententia statuerimus, id omnis homines probaturos.* IV, 3, 1: *scirent . . ., quicumque postea rem publicam oppressisset armis, multo intolerabiliorem futurum.* V, 19, 1: *quod te mecum, quodcumque cepissem consilii, polliceris* (ist prägnantes Präsens) *fore.* XII, 17, 2: *puto . . ., quicquid a me profectum sit, iucundum tibi fore.* XIII, 18, 2: *teque ita existimare volo, quibuscumque officiis . . . Atticum obstrinxeris, isdem me tibi obligatum fore.* XIII, 72, 2: *sic velim existimes, quibuscumque rebus Caerelliae benigne feceris, mihi te gratissimum esse facturum.* Att. VIII, 11 B, 1: *ut, quodcumque tu consilium cepisses, id nobis persequendum putaremus.* IX, 2a, 2: *confido . . . adventum nostrum illi, quoquo tempore fuerit, . . . ἀσμένιστον fore.* XI, 6, 5: *ut, quocumque venisset, hoc putarem futurum.* off. III, 94: *facturum se esse dixit, quicquid optasset.* Caes. b. civ. III, 6, 2: *quodcumque imperavisset, se . . . facturos.* III, 13, 3: *eundemque casum subituram, quemcumque ei fortuna tribuisset.* III, 102, 1: *persequendum . . . existimavit, quascumque in partes se recepisset.* — Ohne vermittelnden Infinitiv Caecil. 49: *subscriptionem sibi postularunt, cuicumque vos delationem dedissetis.*

Der Ind. Fut. ex. ist beibehalten fam. X, 16, 3: *Illud tibi promitto, quicquid erit a te factum, id senatum . . . comprobaturum.*

— Die Vorzeitigkeit ist nicht ausgedrückt Verr. II, 2, 66: *quicquid ab eo peteretur, iudicem de sua cohorte daturum.*

H: Perf. Ind. — N: Perf. Ind.

or. 22: *Horum generum quicumque vim in singulis consecuti sunt, magnum in oratoribus nomen habuerunt.* Q. Rosc. 18: *nonne, quotienscumque in causa in nomen huius incidisti, totiens hunc et virum bonum esse dixisti et honoris causa appellasti?* Verr. II, 4, 57: *Numquam dubitavit, quotienscumque alicuius aut gemma aut anulo delectatus est.* Catil. I, 11: *Quotienscumque me petisti, tibi obstiti.* dom. 50: *quocumque venit, repudiatus convictusque discessit.* dom. 71: *Senatus . . ., quotienscumque de me consultus est, totiens eam nullam esse iudicavit.* Phil. III, 31: *quas effecit strages, ubicumque posuit vestigium!* Q. fr. I, 2, 4: *quoscumque de te queri audivi, quacumque potui ratione placavi.* Att. I, 14, 4: *Quicquid est datum, libenter accepi.* Nep. Ages. 3, 6: *Pepulit, quotienscumque congressus est, multo maiores adversariorum copias.* Hann. 1, 2: *quotienscumque cum eo congressus est in Italia, semper discessit superior.*

Abweichend ist de or. III, 60: *quam se cumque in partem dedisset, omnium fuit facile princeps.* Ich halte *dedisset* für einen Potentialis der Vergangenheit; der Nachsatz hätte eigentlich lauten müssen: *in ea facile princeps esset.*

Niemals aber findet sich bei Cicero, Cäsar und Nepos, was wir doch eigentlich erwarten müfsten, der Ind. Plusq. Nur rep. VI, 6 steht derselbe an einer aus Macrobius comm. in somn. Scip. entnommenen Stelle. Mir ist sonst nur noch ein Fall, und zwar Sall. Iug. 5, 4, begegnet.

H: Perf. Konj. — N: Perf. Konj.

Hierfür ist mir kein Beispiel bekannt.

H: Perf. Inf. — N: Perf. bezw. Plusq. Konj.

or. 214: *tu dicere solebas . . ., quicumque eam violavissent, ab omnibus esse ei poenas persolutas.* Verr. II, 5, 21: *Etiam illud praeteribo, quotienscumque Panhormum veneris, totiens te senatum adisse.* leg. III, 31: *licet videre . . ., quaecumque mutatio morum in principibus exstiterit, eandem in populo secutam.* (Dagegen ist an der Stelle div. II, 97: *quod aiunt quadringenta septuaginta milia annorum in periclitandis experiundisque pueris, quicumque essent nati, Babylonios posuisse, fallunt* der Nebensatz *quicumque essent nati* kein integrierender Teil des Satzes; es müfste sonst *aiunt* als prägnantes Präsens gefafst werden.)

Der Ind. Perf. ist stehen geblieben Verr. II, 2, 27: *Quicquid ab horum quopiam captum est, id non modo tibi datum, sed tua manu numeratum iudicari necesse est.*
Der übergeordnete Inf. Perf. ist irrealer Natur: fam. X, 32, 5: *quodcumque imperassetis, facturum me fuisse.*
H: Plusq. Ind. — N: Plusq. Ind.
Auch diesen Fall kann ich nicht belegen.
H: Plusq. Konj. — N: Plusq. Konj.
de or. I, 159: *quae fortasse, quemcumque patrem familias arripuissetis ex aliquo circulo, eadem vobis percontantibus respondisset* (Mod. irr.).
H: Fut. ex. — N: Fut. ex.
Hierfür habe ich ebenfalls kein Beispiel gefunden.

B. Gleichzeitigkeit.

Der Ausdruck der Gleichzeitigkeit bei übergeordnetem Präsens, Imperfekt und Futurum unterliegt keinem Zweifel. Ich beschränke mich daher für die regelmäfsige Tempusverbindung auf je ein Beispiel. fin. V, 5: *quacumque ingredimur, vestigium ponimus.* de or. III, 176: *nihil est . . ., quod tam facile sequatur, quocumque ducas, quam oratio.* I, 123: *quotienscumque dicerent, id, quod aliquando posset accidere, ne tum ipsum accideret, timere.* Verr. II, 4, 76: *quicquid erat oneris in nautis remigibusque exigendis . . ., Segestanis praeter ceteros imponebat.* Phil. X, 12: *ut, quacumque iret, omnia vastaret.* Tusc. II, 5: *quo ea me cumque ducet, sequar.* fin. II, 117: *quicquid ipsis expediat, facturos arbitrabimur.*

Übergeordnetes Praes. hist. findet sich Caes. b. G. V, 40, 5: *quaecumque opus sunt, comparantur.* b. civ. II, 15, 4: *operi quaecumque sunt usui, supportat.*

Der Konjunktiv steht bei übergeordnetem Indikativ Praes. in der dem deutschen »man« entsprechenden 2. Pers. Sing. de or. III, 201. off. II, 68.

Der Indikativ ist bei übergeordnetem Konjunktiv oder Infinitiv stehen geblieben: 1) bei übergeordnetem Konj. Praes. de or. I, 44. Caecin. 57. Flacc. 20. Phil. VIII, 15. fam. IV, 9, 1. XIII, 27, 3. XIV, 4, 3. Ac. II, 19. II, 124. off. I, 85. 2) bei übergeordnetem Inf. Praes. Att. IX, 76, 3. fat. 43. 3) bei übergeordnetem Konj. Impf. Verr. II, 2, 134. 4) bei übergeordnetem Inf. Fut. fam. VI, 22, 3.

Nur zwei gänzlich abweichende Stellen sind mir begegnet. Verr. II, 2, 46: *curatur, ut, quicquid caelati argenti fuit in illis bonis, ad ipsum deferatur.* Man erwartet *sit* statt *fuit;* und ich möchte diese Änderung vorschlagen. Wenn *fuit* richtig ist, dann ist es nicht auf *deferatur*, sondern auf *curatur* zu beziehen; wir hätten dann einen Übergang vom Praes. hist. zum Perf. hist. Vgl. oben S. 50. Die andere Stelle ist Verr. II, 5, 66: *quacumque iter fecit, hoc iucundissimum spectaculum praebebat.* Hier liegt eine Anakoluthie vor: als Cicero *fecit* schrieb, hatte er vor, *praebuit* folgen zu lassen.

H: Perf. Ind. — N: Perf. Ind.

Verr. II, 1, 44: *quacumque iter fecit, eiusmodi fuit, non ut legatus populi Romani, sed ut quaedam calamitas pervadere videretur.* II, 4, 46: *tenuit hoc institutum in turibulis omnibus, quaecumque in Sicilia fuerunt.* prov. cons. 2: *quotienscumque ei locus dicendi et potestas fuit, Gabinium et Pisonem ... notandos putavit.* Phil. III, 31: *Haec eadem, quacumque exercitum duxit, fecit M. Antonius.* X, 16: *quicquid habuit virium, id in eorum libertatem defendendam contulit.* fam. V, 2, 9: *quotienscumque aliquid est actum, sedens iis assensi, qui mihi lenissime sentire visi sunt.* V, 6, 1: *adhibui diligentiam, quotienscumque senatus fuit, ut adessem.* XI, 13, 1: *quacumque iit, ergastula solvit.* Att. V, 21, 8: *quacumque iter feci, nulla vi ... perfeci, ut et Graeci et cives Romani ... magnum numerum populis pollicerentur.* VI, 2, 1: *quicquid acturus de tali re fuit, scribendum tamen ad libertum non fuit.* Tusc. V, 37: *quicquid genuit, perfectum esse voluit.* off. I, 155: *nosque ipsi, quicquid ad rem publicam attulimus, ... a doctoribus atque doctrina instructi ad eam et ornati accessimus.* Caes. b. civ. I, 87, 2: *Quascumque postea controversias inter se milites habuerunt, sua sponte ad Caesarem in ius adierunt.* III, 47, 2: *quicumque obsidere conati sunt .., ... continuerunt.* Nep. Hann. 3, 3: *quacumque iter fecit, cum incolis conflixit.*

Koincidenz liegt vor: Brut. 236: *quicquid habuit, habuit ex disciplina.* 268: *quicquid habuit, quantumcumque fuit, habuit ex disciplina.* Verr. II, 3, 217: *ubicumque hoc factum est, improbe factum est.* leg. agr. I, 20: *quicquid potuit, potuit per se.*

dom. 69: *Nam legem quidem istam nullam esse, quotienscumque de me senatus sententiam dixit, totiens iudicavit.* Rab. Post. 21: *Gabinius illud, quoquo consilio fecit, fecit certe suo; quaecumque mens illa fuit, Gabini fuit.* fam. II, 4, 2: *quicquid attigi, non feci inflammandi tui causa.* fam. XIII, 69, 1: *apud eum ego sic Ephesi fui, quotienscumque fui, tamquam domi meae.* off. II, 69: *commode autem (sc. dixit), quicumque dixit.* Nep. Att. 21, 6: *quicquid cibi sumpsi, ita produxi vitam etc.* Ein Modalitäts-Ausdruck steht im Nebensatze: Flacc. 61: *quoscumque potuerunt, interemerunt.* Phil. VI, 19: *tulimus, quoquo modo ferendus fuit.* fam. VIII, 6, 4: *quoquo modo potuit, . . . nescio quid cohorticularum amisit.* Q. fr. I, 3, 4: *quoquo modo potui, scripsi et dedi litteras ad te Philogono.* Lael. 41: *Carbonem, quocumque modo potuimus, . . . sustinuimus.* Nep. Eum. 5, 7: *In hac conclusione, quotienscumque voluit, apparatum et munitiones Antigoni alias incendit, alias disiecit.*

Abweichend ist Tim. 9: *deus . . ., quicquid erat, quod in cernendi sensum caderet, id sibi assumpsit non tranquillum et quietum, sed immoderate agitatum et fluitans.* Der Relativsatz ist hier selbständig, was schon die Umschreibung mit *erat, quod* beweist. Ebenso ist der Relativsatz selbständig de or. II, 226: *quae (eloquentia) neque est in te, et, quicquid est vocis ac linguae, omne in istum turpissimum calumniae quaestum contulisti.* Wir können hier aber auch *contulisti* als Perf. praes. auffassen.

H: Perf. Konj. — N: Perf. Konj.

Diese regelmäfsige Form kann ich nicht belegen. Der Indikativ ist beibehalten, und zwar bei einem Modalitätsverbum, Att. VI, 1, 2: *quicquid potuit, detraxerit.*

Über de or. I, 9 siehe oben S. 78. Man beachte, dafs auch dieses abweichende Imperfekt bei *posse* vorkommt.

H: Perf. Inf. — N: Perf. bezw. Plusq. Konj.

Verr II, 2, 121: *quicumque senator voluerit fieri . . ., factum esse semper.* fam. VI, 18, 4: *mihi quidem sic persuadeo, me, quicquid habuerim iudicii de dicendo, in illum librum contulisse.* IX, 16, 2: *quicquid arte fieri potuerit . . ., quicquid elaborari aut effici potuerit ad istorum benevolentiam conciliandam et colligendam, summo studio me consecutum esse.* leg. III, 31: *qualescumque summi civitatis viri fuerint, talem civitatem fuisse.* Caes.

b. G. I, 40, 12: *quibuscumque exercitus dicto audiens non fuerit,
... aut fortunam defuisse aut avaritiam esse convictam.* (Man könnte hier auch an Vorzeitigkeit denken.)

Koincidenz liegt vor: Att. XI, 6, 3: *scribantque ad Caesarem me, quicquid fecerim, de sua sententia fecisse.* Caes. b. civ. I, 7, 5: *quotienscumque sit decretum ..., factum in perniciosis legibus.*

Modalitätsverbum im Nebensatze: fam. V, 20, 4: *existimas ... scribam, quicquid voluisset, cum id mihi ne recitavisset quidem, rettulisse.* Das Präs. *existimas* hat als prägnantes Präsens präteritale Tempusfolge.

Der Indikativ ist beibehalten imp. Pomp. 71: *quicquid susceptum est, me suscepisse confirmo.*

Wenn es nat. deor. I, 55 heifst: *ut, quicquid accidat, id ex aeterna veritate causarumque continuatione fluxisse dicatis,* so ist *fluxisse* als präsentisches Perfekt aufzufassen.

Abweichend ist Planc. 94: *quascumque (sententias) rei publicae status ... postularet, esse defensas.* Entweder ist *postularit* zu lesen, oder *defensas esse* steht für den fehlenden Inf. Impf.

H: Plusq. Ind. — N: Plusq. Ind.

Att. VIII, 12, 1: *quoquo modo potueram, scripseram.* (Modalitätsverbum.)

H: Plusq. Konj. — N: Plusq. Konj.

imp. Pomp. 9: *exercitusque permagnos, quibuscumque ex gentibus potuisset, comparasset.* Halm und Fleckeisen änderten *potuisset* in *posset*, Richter in *potuit.* fam. V, 20, 1: *Quoquo modo potuissem, te convenissem.*

Das Plusq. an der Stelle Att. VII, 3, 2: *ubicumque essem, victus essem* ist einem Imperfekt *(inferior essem)* gleich.

Dagegen ist Cael. fam. VIII, 16, 4: *nam, nisi ita faceret, ego prius, quam ad urbem accederem, ubicumque esses, ad te percurrissem* das Impf. *esses* als selbständig zu fassen. Eine Korrelation des Inhalts ist schon wegen des Satzes mit *priusquam* ausgeschlossen. Ebenso ist Q. fr. III, 2, 2: *cum Gabiniis, quacumque veniebat, triumphum se postulare dixisset* das *veniebat* selbständig; auch der Modus weist schon darauf hin.

H: Fut. ex. — N: Fut. ex.

fin. III, 10: *quicquid . . . expetendum esse dixeris in bonisque numeraveris, et honestum ipsum . . . exstinxeris et virtutem penitus everteris.* parad. 17: *Mihi vero, quicquid acciderit in tam ingrata civitate, ne recusanti quidem evenerit, non modo repugnanti.* In beiden Fällen liegt Koincidenz vor.

Wie statt des einfachen Futurums, wie wir S. 85 sehen, oft das Fut. ex. steht, so auch umgekehrt statt des Fut. ex. das einfache Futurum. Offenbar müssen beide Tempora vielfach auch als gleichbedeutend gegolten haben. Vgl. Lattmann, de coinc. p. 68 sq. fam. XII, 29, 2: *si . . . familiam, quibuscumque rebus opus erit, defenderis, gratius mihi futurum.* XIII, 22, 3: *si T. Manlium quam maxime, quibuscumque rebus honeste ac pro tua dignitate poteris, iuveris atque ornaveris.* 67, 2: *si, . . . quibuscumque rebus honeste ac sine molestia tua poteris, adiuveris.* 70: *si, quibuscumque rebus sine tua molestia poteris, ei commodaris.*

Anderer Art ist or. 200: *id autem bona disciplina exercitatis, qui et multa scripserint et, quaecumque etiam sine scripto dicent* (so Jahn statt *dicerent*), *similia scriptorum effecerint, non erit difficillimum.* Das *dicent* ist mit dem *non erit diff.* gleichzeitig zu denken, *effecerint* ist dem *dicent* vorhergegangen, es ist deshalb als logisches Futurum aufzufassen.

§ 9.

Das korrelative Tempusgesetz in Sätzen, die eine begriffliche Bestimmung bezwecken.

Dafs **koincidente** Handlungen durch gleiches Tempus ausgedrückt werden, liegt in der Natur der Sache: Haupt- und Nebensatz bilden hier zusammen nur einen Gedanken. *Recte fecisti, quod eum vituperasti* ist gleich: *Recte eum vituperasti.* Und wenn es part. or. 105 heifst: *(Dignitatem) minuit is, qui per vim multitudinis rem ad seditionem vocavit,* so will Cicero nichts weiter sagen, als dafs das *ad seditionem vocare* mit einem *dignitatem minuere* gleichbedeutend war. Überall handelt es sich um eine Thatsache, die von dem Sprechenden beurteilt werden soll. Wo das nicht der Fall ist, da findet auch bei koincidenten Handlungen keine Gleichheit des Tempus statt. Daher gilt das Gesetz, dafs koincidente Handlungen durch gleiches Tempus ausgedrückt werden, nicht für Absichts- und Gegenstandssätze, und es braucht nicht zu gelten für die mit *ut* eingeleiteten Beschaffenheitssätze. Vgl. Cat. M. 42: *Invitus feci, ut . . . L. Flamininum e senatu eicerem.* fin. III, 12: *qui omnia sic exaequaverunt, ut in utramque partem ita paria redderent etc.*[1]

Wenn bei den Modalitätsverben *posse, debere, velle, licere* u. ä. regelmäfsig die Tempora übereinstimmen, so soll das Thunkönnen, das Thun-sollen, das Thun-wollen, das Thun-dürfen als die Voraussetzung des Thuns bezeichnet werden. Wo das Modalitätsverbum diesen Sinn nicht hat, da ist auch die Tempusgleichheit nicht nötig. Vgl. inv. II, 95: *immolastis ei deo, cui non licebat.* Der Nebensatz enthält hier ein selbständiges Urteil. Ebd.: *fecisti, quod non licebat.* fam. VII, 28, 2: *quod tu, cui licebat, pedibus es consecutus.* Da H. Lattmann auch über die Sätze mit solchen Modalitätsverben eine eingehende Untersuchung im Philologus 1890 Heft 3 in Aussicht gestellt hat, so beschränke ich mich auf Beobachtungen hinsichtlich einiger Ausdrücke, die mit den eigentlichen Modalitätsverben verwandt sind, ohne indes hier auf Vollständigkeit Anspruch zu machen.

a) *quantum* (oder *quod) in me est.* Verr. II, 4, 25: *Senator, quod in vobis fuit, . . . iacuit et pernoctavit in publico.* Flacc. 61: *nomen civium Romanorum, quantum in ipsis fuit, sustulerunt.* Sest. 65. Phil. I, 1. II, 29. II, 87. Nep. Iph. 3, 4. Moduswechsel: Att. XVI, 15, 1: *quantum in ipsis fuit, everterit.* — Abweichend erst Livius II, 43, 6: *quam exercitus odio consulis, quantum in se fuit, prodebat.*

b) *videri* in der Bedeutung »gut scheinen«. Bei *videri* wird teils die Vorzeitigkeit, teils die Gleichzeitigkeit ausgedrückt. Deutlich ist dieser Unterschied natürlich nur bei übergeordnetem Präsens, Imperfekt und Futurum. *α)* Vorzeitiges *videri*: off. I, 118: *imitamur, quos cuique visum est.* Caes. b. G. VI, 20, 3: *quae visa sunt, occultant.* VI, 22, 2: *quantum et quo loco visum est agri, attribuunt.* fin. II, 74: *si tibi erit visum, dices.* Mit übergeordnetem Praes. hist. Verr. II, 4, 62. (S. oben S. 28.)

---

[1] Vgl. meine »Beitr.« S. 35.

Vgl. Caes. b. G. V, 58, 3: *ubi visum est, discedunt.* — β) Gleichzeitiges *videri:* Caes. b. civ. II, 15, 5: *Portae, quibus locis videtur, eruptionis causa in muro relinquuntur.* Cluent. 160: *quod ei videatur, statuere.* Caes. b. G. II, 20, 4: *quae videbantur, administrabant.* Nep. Timol. 4, 2: *quae videbantur, dicebat.* Rab. Post. 10: *si videbatur, solebant.* Cluent. 144: *cum ego, quae mihi viderentur, dicerem* (so Klotz nach Handschriften statt des von Müller aufgenommenen *videbantur).* Verr. II, 5, 160: *statueret, quod videretur.* de or. I, 65: *quantum cuique videbitur, circumcidat.* Vgl. Ac. II, 137. fin. I, 7. Tusc. I, 103. Att. VI, 3, 3. off. I, 6. — γ) Unbestimmt, ob Vorzeitigkeit oder Gleichzeitigkeit: Font. 18: *imperaverunt, quod visum est.* div. II, 134: *misit, quantulum visum est de argento.* fam. X, 32, 2: *renuntiavit, quos ei visum est.* Caecil. 57: *reddidit, quantulum visum est.* Verr. II, 2, 73: *quae visa sunt, respondit.* Caes. b. G. IV, 8, 1: *quae visum est, Caesar respondit.* b. civ. II, 9, 9: *fenestras, quibus in locis visum est, reliquerunt.* de or. I, 67: *forsitan, si ei sit visum, ... communicarit.* I, 175: *quem ei visum esset, fecisset heredem.* Phil. I, 27: *qui, quae ipsis visa erunt, dixerint.* — Abweichend ist Quinct. 23: *quod sibi videretur, se vendidisse.* Hier ist also ein korrelatives Verhältnis zwischen Haupt- und Nebensatz nicht ausgedrückt, sondern nur an den Inhalt des *videri* gedacht.

c) *placere.* Verr. II, 1, 91: *quod argenti placuit, invasit.* II, 4, 1: *quod placitum sit, abstulerit.* — Abweichend off. III, 55: *Ille, quod non placebat, proscripsit, tu, quod placebat, emisti.*

d) *cogere.* de or. III, 228: *Edidi, quae potui, non ut volui, sed ut me temporis angustiae coëgerunt.* Rab. Post. 22: *multa, quae necessitas coëgit ferre, pertulit.* Phil. III, 29: *si illa tulimus, quae nos necessitas ferre coëgit.* Nep. Att. 13, 2: *nihil commutavit, nisi si coactus est.*

e) *commodum est.* Verr. II, 1, 11: *quantum commodum fuerit, detraxerit.* II, 3, 165. Tull. 17: *quod commodum fuit, respondit.* p. red. in sen. 12: *quos ei commodum fuit, compellavit.*

f) *decet.* Tim. 22: *in ea, quae decuit, membra partitus est.* div. I, 63: *secus, quam decuit, vixerunt.*

g) *convenit.* inv. II, 89: *quod minus, quam convenerit, factum sit.* — Abweichend I, 31: *id posuit, quod conveniebat.*

h) *fas est.* dom. 138: *neque id, quod fas fuit, dedicavit.*

i) *officium est.* fam. IV, 12, 3: *quae officia nostra fuerunt, praestitimus.*

k) *dignum est.* leg. III, 19: *ut imperio dignum fuit, eripuit.*

In vielen Sätzen, die eine Begriffsumschreibung enthalten, liegt ein korrelatives Verhältnis vor; z. B. Sest. 61: *ea, quae sensit, prae se tulit.* Der Augenzeuge konnte sagen: *haec sentit: haec prae se fert* = »dies denkt er, diese Meinung trägt er denn auch zur Schau.« Das *sentire* ist offenbar die Voraussetzung des *ferre;* beides steht in innerem Zusammenhange. Dieser innere Zusammenhang ist es, der bei *quae sensit, prae se tulit* zum Ausdruck gebracht wird; der Inhalt des *sentire* ist dem Schriftsteller bei dem Satze ganz gleichgültig. Wenn er an diesen Inhalt dächte, so würde er *quae sentiebat* sagen.

Auch für diesen Fall lasse ich einige Belege folgen.

a) *esse* und Komposita in der Bedeutung »vorhanden sein«. Caecil. 19: *Quod auri ... fuit, ... eripuisti.* Verr. II, 1, 28: *vestis stragulae quod fuerit, curasse auferendum.* II, 2, 20: *domi quod fuerit, esse direptum.* dom. 111: *ornamentorum quod superfuit, deportavit.* fam. VIII, 16, 2: *quod offensae fuerit, te subisse.* Caes. b. G. III, 16, 2: *navium quod ubique fuerat, in unum locum coëgerant.* b. civ. II, 20, 8: *quod penes eum est pecuniae, tradit* (Praes. hist.). III, 87, 4: *quod fuit roboris, interiit.* Vgl. Liv. X, 41, 11: *quod superfuit pugnae, ... compulsum est.*

reliquum esse. Nep. Timol. 3, 4: *quod reliquum vitae fuit, vixit.* — Abweichend fam. V, 20, 3: *reliquum quod erat, in rationibus rettuli.* XI, 28, 8: *quod reliquum est vitae, degam.*

b) *habere.* Caes. b. G. VII, 17, 2: *celeriter, quod habuerunt, consumpserunt.* Nep. Them. 4, 3: *de servis suis quem habuit fidelissimum ad regem misit.* har. resp. 19: *si quid habui otii, cognovi.* Caes. b. civ. I, 7, 4: *ademisse, quae habuerint.* Att. IX, 6, 3: *Pompeius mare transiit cum omnibus militibus, quos secum habuit.* IX, 15, 6: *Pompeium cum omnibus copiis, quas habuerit, profectum esse.* — Abweichend Verr. II, 1, 54: *quod habebat auri, detractum atque ablatum esse dico.* Att. XIII, 47ₐ: *quae in manibus habebam, abieci.*

c) *usui esse, opus esse, pertinere.* Caes. b. G. III, 9, 3: *ea, quae ad usum navium pertinent, providere instituunt.* V, 1, 4: *ea quae sunt usui ad armandas naves, ex Hispania apportari iubet.* VII, 81, 2: *reliquaque, quae ad oppugnationem pertinent, parant administrare.* Liv. I, 41, 1: *Tanaquil ..., quae curando vulneri opus sunt, sedulo comparat.* Vgl. Hoffmann, Studien S. 36.

d) *videri* in der Bedeutung »scheinen«. Caes. b. G. I, 51, 1: *Caesar praesidium utrisque castris, quod satis esse visum est, reliquit.* V, 2, 3: *quod satis esse visum est militum, reliquit.* b. Alex. 1, 2: *omnes oppidi partes, quae minus firmae videntur, testudinibus ... temptantur.* fam. V, 2, 9: *iis assensi, qui mihi lenissime sentire visi sunt.* inv. II, 27: *eum id esse secutum, quod ei visum sit commodum.* off. III, 36: *cum aliquid, quod utile visum est, arripuit, id continuo secernit ab honesto.* (Vgl. oben S. 51.) div. I, 4: *somnia, si quae ... pertinere visa sunt, neglecta sunt.* Mit dem regelrechten Ausdruck der Vorzeitigkeit bei übergeordnetem Praes. hist. Caes. b. G. V, 44, 4. VII, 84, 2. (S. oben S. 50.)

e) *sentire.* Sest. 61. (S. oben S. 95.) fam. XII, 2, 2: *quae senserint, locuti sint.* — Abweichend de or. I, 159: *effudi omnia, quae sentiebam.* Att. VIII, 2, 1: *monuisti, quod sentiebas.*

f) *putare, arbitrari* u. ä. Att. XI, 7, 1: *perscripsisti omnia, quae ad me pertinere arbitratus es.* fam. VII, 23, 1: *quae me digna putaris, coëmisse.*

g) *velle* in der Bedeutung »wünschen«. Flacc. 56: *omnia, quae voluerunt, impetraverunt.* de or. I, 10: *quod voluerit, consecutus sit.* fam. XIII, 1, 2: *quae voluit, consecutus est.* Q. fr. III, 1, 16: *feci, quae voluit quaeque a me petivit.* fam. IX, 6, 4: *longius, quam volui, fluxit oratio.* Sall. Cat. 17, 2: *ubi satis explorata sunt, quae voluit.*

h) *concupiscere, petere, appetere.* Mit regelrechtem Ausdruck der Vorzeitigkeit off. I, 24: *ut adipiscantur ea, quae concupiverunt.* Tusc. V, 57: *quae concupierat, consequebatur.* Mit regelrechter Tempusgleichheit: Tusc. V, 54: *adepta est, quod concupivit.* Nep. Ages. 1, 4: *neque id, quod petivit, consecutus est.* fin. V, 44: *cum id adepti simus, quod appetitum sit.* — Abweichend rep. I, 28: *qui omnia, quae expetat, consequatur.*

i) *iubere, imperare, praescribere.* Poll. ap. Cic. fam. X, 31, 3: *quod iussus sum, feci.* X, 32, 5: *quod iussistis, feci.* VI, 7, 5: *ut imperasti, feci.* nat. deor. I, 7: *praestitisse, quae praescripserint.* Beispiele für das Perf. bei übergeordnetem Praes. hist. s. oben S. 28.

k) *statuere.* Caes. b. civ. I, 87, 3: *eoque utrique, quod statuit, contenti fuerunt.*

l) *dare.* fin. IV, 16: *tueatur, quod datum sit.* Tusc. III, 25: *si volumus hoc, quod datum est vitae, tranquille . . . traducere.* fam. III, 3: *quae primum navigandi nobis facultas data erit, utemur.* — Tusc. II, 9: *quod datum est temporis . . ., consumpsimus.*

m) *accipere.* Cat. M. 51: *Terra reddit, quod accepit.* nat. deor. II, 103: *quam accepit, mittit.* Ac. I, 34: *quae acceperunt, tuebantur.* off. I, 48: *ea, quae utenda acceperis, reddere iubet.* off. I, 116: *ad eas laudes, quas acceperunt, addunt.* Vgl. Lael. 58. off. I, 48. Tusc. II, 59. — Phil. IV, 15: *exercitum, quem accepit, amisit.* Tusc. III, 36: *quod utendum acceperis, reddidisse.* — Abweichend fam. III, 31, 1: *plus, quam acceperas, reddidisti.*

n) *nancisci.* fam. X, 32, 5: *si quos nactus sum, supplicio affeci.* Vgl. Lael. 28.

Sätze mit korrelativer Form haben korrelativen Inhalt, wenn die Handlung des Nebensatzes die Voraussetzung der Handlung des Hauptsatzes ist.

α) *quantus — tantus.* Brut. 236: *quantum detraxit ex studio, tantum amisit ex gloria.* 247: *tantum sibi de facultate detraxit, quantum imminuit industriae.* leg. agr. II, 69: *tantum occupavit, quantum concupivit.* de or. III, 85: *tantum tribuisse, quantum concesserint.* Verr. II, 3, 103: *id fuisse tantum, quantum redundarit.* har. resp. 4: *susceptum esse tantum, quantum postulavit.* Rab. Post. 37: *si . . ., quanta summa litium*

fuisset, populus recepisset. Tusc. I, 29: *tantum sibi persuaserant, quantum cognoverant.* fam. XIII, 29, 3: *tantum attigit, quantum recusare non potuit.* Verr. II, 3, 198: *Decumarum nomine tantum erat ablatum, quantum voluntas tulerat Apronii.* Vgl. fam. III, 10, 6. XIII, 16, 2. Att. I, 17, 1. Cat. M. 60. inv. II, 9. de or. I, 171. Mit Praes. hist.: Caes. b. G. VII, 63, 2: *quantum gratia ... valent, utuntur.* VIII, 29, 3: *quantum valent, tantum eo proelio interficiunt.*
Mit dem regelrechten Ausdruck der Vorzeitigkeit Caes. b. G. VI, 19, 1: *Viri, quantas pecunias ab uxoribus dotis nomine acceperunt, tantas ... communicant.* Sull. 83. off. II, 4: *tantum erat philosophiae loci, quantum superfuerat amicorum ... temporibus.* Verr. II. 3, 117. Phil. V, 20. Pis. 37. Caes. b. civ. I, 81, 3: *quantum protulerant, tantum aberant.*
Abweichend de or. II, 74: *tantum, quantum ipsi patiebantur, accepimus.* Verr. II, 1, 16: *Vim tantam habui, quantam mihi lex dabat.* II, 3, 78. II, 4, 10.

β) *quotiens.* Q. fr. I, 1, 21: *quotiens voluit, dixit.* Mit dem Ausdruck der Vorzeitigkeit Caes. b. G. V, 34: *quotiens procurrerat, ab ea parte cadebat.* Sull. 83.

γ) *quoad.* leg. I, 14: *eatenus exercuerunt, quoad voluerunt.* inv. II, 8: *quoad facultas tulit, proposuimus.*

δ) *quo ... eo.* fam. X, 23, 5: *quo magis me petiverunt, tanto maiorem iis frustratio dolorem attulit.* Die Vorzeitigkeit ist regelrecht ausgedrückt Tusc. II, 57.

Umstände der Haupthandlung sind durch begriffsbestimmende Relativsätze ausgedrückt prov. cons. 41: *egit eas res, quarum me participem esse voluit.* Mil. 56: *haesit in iis poenis, quas servi expetiverunt.* Vgl. fam. I, 9, 2. V, 7, 3.

Umschreibung persönlicher Begriffe. Verr. II, 1, 88: *sunt illi quidem dicto audientes, quamdiu adsunt ii, qui imperant.* Wenn *imperabant* stände, so würde an die Person der *imperantes* gedacht sein; hier aber kommt nur ihre Eigenschaft als *imperantes* in Betracht. Vgl. Caes. b. civ. I, 3, 1. Mil. 29. Marc. 21. Phil. II, 99. Caes. b. civ. III, 28, 6: *qui secuti sunt, se defenderunt.* Tusc. II, 36. nat. deor. I, 23. 45. III, 89. inv. II, 7. de or. I, 174. — In einem Bedingungssatze: Tusc. I, 3 *si qui ... exstiterunt, responderunt.*

Oft steht der Inhalt des begriffsumschreibenden Nebensatzes in kausalem Verhältnis zum Hauptsatze; z. B. Catil. I, 28: *Numquam in hac urbe, qui a re publica defecerunt, civium iura tenuerunt.* Cicero hat hier nur an den kausalen Zusammenhang zwischen dem *deficere* und dem *iura non tenere* gedacht. Hätte er an bestimmte Revolutionäre und ihre That gedacht, so würde er *defecerant* geschrieben haben. Vgl. Caes. b. G. VII, 28, 5: *qui primo clamore audito se ex oppido eiecerunt, incolumes ad Vercingetorigem pervenerunt.* VI, 31, 3: *qui proximi Oceano fuerunt, hi insulis sese occultaverunt.* VII, 62, 9: *quos non silvae texerunt, sunt interfecti.* Sest. 140: *ii, qui ... senatus consilium ... neglexerunt et ... multitudini iucundi esse voluerunt, omnes fere rei publicae poenas aut praesenti morte aut turpi exsilio dependerunt.* Vgl. Sest. 143. dom. 108. Verr. II, 3, 121, rep. III, 6. off. I, 62. fam. X, 6, 3. In einem Bedingungssatze: Tusc. II, 26. Mit regelrechtem Ausdruck der Vorzeitigkeit: Tusc. II, 54: *qui autem restiterunt, discedunt saepissime superiores.*

Auch der Umschreibung sachlicher Begriffe liegt zuweilen ein kausales Verhältnis zu Grunde. Nep. Att. 9, 3: *quibus rebus indiguerunt, adiuvit.* 4, 4: *si qua res maior acta est, non defuit.* Hann. 8, 4: *quo cornu rem gessit, fuit superior.* Caes. b. civ. II, 15, 1: *eo, quae sunt amissa, reficere instituit.* III, 14, 2: *una ex his, quae perseveravit, expugnata est.* Phil. VI, 4: *semper eo tractus est, quo libido rapuit.*

Beachtenswert sind auch die Sätze mit *ex quo tempore.* fam. III, 4, 2: *te ipsum, ex quo tempore tu me diligere coepisti, cotidie pluris feci.* Vgl. VI, 13, 2.

Zuweilen haben die Nebensätze mit korrelativem Inhalt einen konzessiven Sinn. Ac. II, 1: *doctrina, quibus temporibus florere in foro maxime potuit, caruit omnino rebus urbanis.* Tusc. V, 114: *ut, quae ipse non viderit, nos ut videremus effecerit.* Hier bezieht sich *viderit* auf *effecerit; ut videremus effecerit* ist als ein Begriff anzusehen. nat. deor. III, 78: *quae rationem dederit iis, quos scierit ea perverse et improbe usuros.* leg. III, 34: *quam populus liber numquam desideravit, idem oppressus dominatu ac potentia principum flagitavit.*

Ein konzessives Satzverhältnis liegt besonders in Vergleichungssätzen vor. Verr. II, 3, 102: *sexiens tanto, quam quantum satum sit, ablatum esse*. Ebd.: *aliquanto plus ablatum esse, quam natum sit*. Nep. Con. 5, 1: *plura concupivit, quam efficere potuit*. leg. II, 11: *contra fecerint, quam polliciti sint*. part. or. 38: *aliter cecidit ac putatum est*. Vgl. fam. IV, 4, 2. V, 17, 2.

Auch in indikativischen Kausalsätzen wird zuweilen das korrelative Satzverhältnis zum Ausdruck gebracht. Über die Stelle Q. fr. II, 5, 3 haben wir bereits oben S. 52. A. 1 gesprochen. Bei übergeordnetem Praes. hist. findet zum Ausdruck der Korrelation Tempusgleichheit statt bei Caes. b. G. VII, 84, 4: *Multum ad terrendos nostros valet clamor, qui post tergum pugnantibus exstitit, quod suum periculum in aliena vident salute constare*. Hoffmann, Studien S. 30 f. will *quod* mit Unrecht beseitigen. Es gehören ferner hierher die nicht gerade seltenen Fälle mit Perf. in Haupt- und Nebensatz, z. B. fam. X, 30, 3: *sum servatus, quod sum cognitus*. Att. I, 3, 1. VIII, 12 B, 1. XI, 2, 4 u. ö.

§ 10.

Der bezogene Tempusgebrauch in konjunktivischen Nebensätzen.

Der infolge der sog. consecutio temporum nach einem Präteritum eintretende Konj. Impf. und Plusq. (bezw. Konj. Impf. der periphrastischen Konjugation mit dem Part. Fut. Act.) mufs als bezogen aufgefafst werden. Das Impf. in einer indirekten Frage wie: *quae essent prudentiae propria, suo loco dictum est* hat genau dieselbe temporale Bedeutung wie in dem indikativischen Relativsatze off. I, 143: *quae erant prudentiae propria, suo loco dicta sunt*. Wie in diesem Satze, so wird auch in jenem das Impf. nur getragen durch das Präteritum des Hauptsatzes. Wenn also das Impf. in: *quaesivi ex eo, num aegrotaret* auf ein vom Standpunkte des Sprechenden gesagtes *num aegrotabat?* zurückgeführt wird, so ist, wie Lattmann a. a. O. S. 113 richtig bemerkt, festzuhalten, dafs dieses *aegrotabat* (bezw. *aegrotaret*) vom Standpunkte des Sprechenden nicht gedacht sein würde ohne Einwirkung des *quaesivi*. Die Relativität, die in diesen Fällen vorliegt, ist nach dem oben S. 22 Auseinandergesetzten die objektive.

Während also die objektive Relativität in der Zeitsphäre der Vergangenheit nicht blofs in indikativischen, sondern auch in konjunktivischen Sätzen erscheint, kommt dieselbe bei der cons. temp. in der Zeitsphäre der Zukunft nicht vor. Denn sonst würde, wie in dem Satze: *expertus est, quam caduca fortuna esset* das Impf. *esset* durch das Präteritum *expertus est* veranlafst ist, so auch bei übergeordnetem *experietur* der Konj. Fut. *futurus sit* stehen müssen. Es steht aber bekanntlich das Präsens *sit*.[1] Nun ist ja freilich richtig, dafs es einen Konj. Fut. nicht giebt, wenigstens keinen, der zum Ausdruck der Gleichzeitigkeit mit einer zukünftigen Handlung diente.[2] Aber daraus folgt noch nicht, dafs der den Konj. Fut. in diesem Falle ersetzende Konj. Praes., wie Lattmann annimmt, wesentlich verschieden wäre von dem gewöhnlichen Konj. Praes. Denn auch der wirkliche Konj. Fut., der zum Ausdruck der Nachzeitigkeit dient, mufs, wenn die coniug. periphr. nicht gebildet werden kann, durch den Konj. Praes. ersetzt werden, z. B.: *Non dubito, quin mox te paeniteat*. Der Konj. Praes. müfste ja sonst in diesem Falle eine dritte wesentlich ver-

---

[1] Wenn ausnahmsweise der Konj. Fut. vorkommt, z. B. Phil. XIII, 45: *victores quales futuri sint, vos potius experiemini*, so beruht derselbe auf selbständigem Tempusgebrauch. Es entspricht diesem Satze also in der Zeitsphäre der Vergangenheit nicht *Victores quales essent, experti estis*, sondern vielmehr *Victores quales fuerint, experti estis*.

[2] Der Konj. *futurus sit* ist entweder selbständiges Präsens der coniug. periphr. (so auch in der eben citierten Stelle Phil. XIII, 45) oder Ausdruck der Nachzeitigkeit. In letzterem Falle verhält er sich zu *sit*, wie *fuerit* als Ausdruck der Vorzeitigkeit zu *sit* sich verhält. Entsprechend die Indikative: *fuit — est — futurus est*. Mithin kann das Präsens der coniug. periphr., wo es bezogen vorkommt, nur in subjektiver Relativität vorkommen. Dagegen kann *futurus erat, futurus esset* wie auch *futurus erit* auf objektiver Relativität beruhen, z. B. in den von Schmalz a. a. O. S. 31 angeführten Sätzen: *Antonius permovit oratione eos, qui erant iudicaturi* und *Antonius cognoverat, qui essent iudicaturi*. Richtige Bemerkungen über die coniug. periphr. und den Ausdruck der Nachzeitigkeit findet man bei Schmalz a. a. O. S. 30 ff.

schiedene Art sein. Also ist und bleibt der Konj. Praes., der etwas Zukünftiges bezeichnet, ein Konj. Praes.

Nach meiner Meinung (s. S. 31) beruht die durch ein Futurum hervorgerufene Tempusfolge auf subjektiver Relativität. Da nun, wie gleichfalls früher (S. 23) bewiesen ist, in der Zeitsphäre der Gegenwart eine objektive Relativität überhaupt nicht vorkommt, so ist auch in der Tempusfolge nach einem Präsens subjektive Relativität zu erkennen, d. h. die Tempora werden bestimmt vom Standpunkte der Handlung des Hauptsatzes. Denn dafs bei der nur verhältnismäfsig wenige Ausnahmen zulassenden Regelmäfsigkeit, mit welcher bei übergeordnetem Präsens der Konjunktiv der Haupttempora steht, die Tempora nicht als selbständig aufgefafst werden können, betont Lattmann a. a. O. S. 110 f. mit Recht. Und so bestätigt sich die von mir »Beitr.« S. 23 ff. vertretene Auffassung, wonach zwischen der präsentischen und der präteritalen Tempusfolge ein prinzipieller Unterschied besteht.

Wie indes bei übergeordnetem Präteritum und ausnahmsweise (vgl. Phil. XIII, 45) auch bei übergeordnetem Futurum selbständiger Tempusgebrauch in indirekten Fragesätzen vorkommt, so ist ein Gleiches von vornherein vom Präsens, natürlich ebenfalls vorwiegend bei voraufgehendem Nebensatze, anzunehmen. Der Unterschied ist nur der, dafs bei übergeordnetem Präsens das selbständige Tempus niemals äufserlich erkennbar ist. —

Inwiefern auch in Finalsätzen bezogener Tempusgebrauch anzunehmen sei, habe ich »Beitr.« S. 28 f. gezeigt. In: *Oro te, ut cras venias* bezeichnet der Konj. Praes. *venias* eine in der Gegenwart gedachte Handlung ohne jede Zeitbezeichnung. Denkt man sich die Handlung als vollendet, so steht der Konj. Perf., der dann selbstverständlich nicht die Vorzeitigkeit zu der Handlung des Hauptsatzes bezeichnet; z. B.: *Ego te defendo, ne omnino desertus sis.*[1] In dem Satze: *Oravi eum, ut cras veniret* bezeichnet *veniret* eine Handlung, die in dem vergangenen Momente des *orare* gedacht ist, und in: *Ego te defendi, ne omnino desertus esses*[2]

---
[1] Vgl. fin. I, 50: *Iustitia restat, ut de omni virtute sit dictum.*
[2] Vgl. Rosc. Am. 5: *Huic causae patronus exstiti . . . neque uti satis firmo praesidio defensus Sex. Roscius, verum uti ne omnino desertus esset.* Att. IV, 3, 6.

das *desertus esset* ein in dem Momente des *defendere* gedachtes fait accompli.

Folgesätze sind, wie ich gleichfalls a. a. O. S. 29 f. darlegte, auf Beschaffenheitssätze zurückzuführen. Die in denselben ausgedrückte Handlung ist bei regelmäfsiger Tempusfolge als Umstand der Haupthandlung aufzufassen, bei dem ebenso wie in Finalsätzen das zeitliche Verhältnis (die Nachzeitigkeit) nicht zum Ausdruck gebracht wird, sondern aus dem Zusammenhange erkannt werden mufs.[1] —

Hinsichtlich der Frage, worauf die Tempora in konjunktivischen Nebensätzen bezogen sind, wenn dieselben zunächst einem Infinitiv (oder einer anderen nominalen Verbalform) untergeordnet sind, stimmen Lattmann und ich in folgenden Punkten überein:

1. Die selbständigen Zeiten der or. recta sind in der or. obl. auf das regierende Verbum bezogen. Vgl. Caes. b. G. III,.8, 2: *Suos se obsides, quos Crasso dedissent, reciperaturos existimabant.* (Unabh.: *quos dedimus, reciperabimus.*) de or. I, 26: *Quo quidem in sermone multa divinitus a tribus illis consularibus Cotta deplorata et commemorata narrabat, ut nihil incidisset postea civitati mali, quod non impendere illi tanto ante vidissent.* (Unabh.: *multa deplorata et commemorata sunt, ut nihil inciderit.*)

2. Das auf ein Perfekt bezogene Impf. und Plusq. bleibt auch, wenn das Perf. infolge der abhängigen Rede in den Infinitiv (oder eine andere nominale Verbalform) gesetzt wird, auf dasselbe bezogen. Vgl. fam. V, 7, 3: *quam ego abs te praetermissam esse arbitror, quod vererere, ne cuius animum offenderes.* (Unabh.: *praetermissa est, quod verebare.*) Tusc. I, 115: *ait Terinaeum quendam Elysium, cum graviter filii mortem maereret, venisse in psychomantium.* (Unabh.: *cum maereret, venit.*)

Dagegen besteht zwischen Lattmann und mir Meinungsverschiedenheit

---

[1] Die a. a. O. gegebene Erklärung: *Puer de tecto decidit, ut paucis post diebus vitam amitteret* = »der Knabe ist auf eine den Tod nach wenigen Tagen herbeiführende Weise vom Dache gefallen« erklärt Deecke Jahresber. f. Altertumswissensch. 1885. III, S. 212 für »sehr gezwungen.« Als Muster der deutschen Form kann der Satz natürlich nicht gelten; inhaltlich enthält er nichts Gezwungenes, wenn man festhält, dafs Folgesätze im Grunde Modalsätze sind.

1. hinsichtlich der **koincidenten** Sätze. In dem Satze: *Dixi bene eum fecisse, quod mansisset* erklärt Lattmann das Plusq. *mansisset* mit der Beziehung auf den Inf. *fecisse*, der nach *dixi* den Wert eines Plusq. habe, während ich dasselbe mit der Beziehung auf *dixi* erkläre.

2. hinsichtlich der **bezogenen** Zeiten der or. recta bei übergeordnetem Inf. Praes. oder Fut. In: *Sciebam te dare, quod haberes* erklärt Lattmann das Impf. *haberes* aus der Beziehung auf *dare*, ich aus der Abhängigkeit von *sciebam*.

Die von Lattmann angenommene Beziehung des *mansisset* auf *fecisse* (wie auch des *haberes* auf *dare*) wird von mir ausdrücklich anerkannt.[1] Aber *mansisset* ist nach meiner Meinung aufserdem auf *dixi*, *haberes* aufserdem auf *sciebam* bezogen. Lattmann selbst vergleicht S. 129 u. a. *dixit se scripsisse* mit *quaesivi, num scripsisset* und sagt: »Man kann daher die Infinitive, wie jene konjunktivischen Zeiten, auch als Ausdrücke der temporalen Beziehungen auffassen«; er giebt mithin zu, dafs in obigen Sätzen *fecisse* die Vorzeitigkeit zu *dixi*, *dare* die Gleichzeitigkeit zu *sciebam* bezeichnet. Da nun aber, wie ich oben S. 55 zeigte, die Tempusgleichheit in Sätzen mit korrelativem Inhalte (wozu auch die Sätze mit koincidenten Handlungen gehören) auf einer gemeinschaftlichen Tempusform beruht, so ist klar, dafs auf das Wort, auf welches das eine der Verben, die durch gemeinschaftliche Tempusform verbunden sind, bezogen ist, auch das andere genau ebenso bezogen ist. Es ist dies dieselbe Erscheinung wie in Sätzen folgender Art: *Quia adiuveramus, quemcumque potueramus, ipsi adiuti sumus a multis.* Vgl. meine »Beitr.« S. 17. Wenn Lattmann S. 60 f. eine solche doppelte Beziehung verwirft, weil sie eine »rhetorische Künstelei zu nennen wäre«, so ist zu erwidern, dafs die beiden Arten der Beziehung, die hier in Betracht kommen, wie oben nachgewiesen wurde, von einander wesentlich verschieden sind.

Nach meiner Auffassung mufs ich nun freilich konsequenterweise in Sätzen wie Rosc. Am. 128: *Facile egestatem suam se laturum putat, si hac indigna suspicione liberatus sit.* Tusc. I, 116: *Oraculum erat datum, si rex interfectus esset, victrices*

---
[1] N. Jahrbb. f. Philol. 1889. S. 834. A. 2.

Athenas fore. Att. I, 18, 7: *Cogimur reliquis de rebus nihil decernere, antequam publicanis responsum sit* — neben der Beziehung des Perf. bezw. Plusq. Konj. auf den übergeordneten Infinitiv auch eine Beziehung auf das verb. fin. annehmen. Lattmann S. 120 behauptet, daſs eine solche »dem natürlichen Verhältnisse völlig widerspricht«. Das »natürliche Verhältnis« ist aber kein anderes, als wie es auch in Finalsätzen erscheint. S. oben S. 102. Auch habe ich bereits »Beitr.« S. 29 erklärt, daſs in Sätzen wie: *Affirmabam tibi, naturam si sequeremur ducem, numquam nos esse aberraturos* das Impf. ebenso, wie in Finalsätzen, zu erklären ist. Das hätte Lattmann erst widerlegen müssen, ehe er meine Auffassung für »geradezu falsch« erklärte. Daſs die bezogene als vorzeitig ausgedrückte Handlung der Handlung, auf die sie bezogen ist, nicht wirklich vorhergegangen zu sein braucht, beweisen auch die mit *antequam* eingeleiteten Temporalsätze nach affirmativem Hauptsatze; vgl. oben S. 67.

Freilich ist richtig und von mir N. Jahrbb. f. Phil. 1889 S. 834 anerkannt, daſs in gewissen Arten von Sätzen das Tempus des Nebensatzes zunächst nur auf den Infinitiv bezogen ist, z. B.: *intellegebant nihil tam sanctum esse, quod non violaret aliquando audacia.* Aus diesem Grunde habe ich auch (von der Koincidenz abgesehen) nirgends gesagt, daſs die Tempora bei übergeordnetem Inf. Praes. oder Fut. auf das verb. fin. »bezogen« seien, sondern »Beitr.« S. 56 gebrauchte ich den Ausdruck: »das Tempus richtet sich nach dem verb. fin.«, und NJahrbb. a. a. O. S. 834 f.: »das Tempus wird bestimmt durch das verb. fin.«, »die Grammatiker lassen das verb. fin. entscheiden«. Da die temporale Bedeutung des Infinitivs durch das verb. fin. bestimmt zu werden pflegt, so sind die von mir gebrauchten Ausdrücke durchaus korrekt. Wenn aber Lattmann S. 148 behauptet, daſs ich »neben einem Inf. Praes. oder Fut. immer ... unmittelbare Beziehung auf das verb. fin. annehme«, um sofort mich unter Hinweis auf Stellen wie die eben besprochenen zu tadeln, daſs ich etwas lehre, was »vielfach geradezu falsch ist«, so giebt er meine Ansicht nicht richtig wieder.

»Falsches« lehre ich, wie aus dem Gesagten sich ergeben dürfte, nicht. Ob es aber besser ist, von der von mir empfohlenen einfacheren Regel im Unterrichte Gebrauch zu machen oder die

Schüler den umständlicheren und schwierigeren Weg, den Lattmann zeigt, gehen zu lassen, das zu entscheiden überlasse ich den Schulmännern. Bei dem heutigen Streben, den grammatischen Unterricht auf das thunlichste Mafs einzuschränken, werden, fürchte ich, wenige Lehrer Lattmann folgen wollen.

Berichtigung:

S. 47 Z. 20 lies: dem (statt: den).

Verzeichnis

der in textkritischer Hinsicht in Betracht gezogenen Stellen.

NB. An den mit * bezeichneten Stellen wird die Lesart der neuesten kritischen Gesamtausgabe (für Cicero von Müller-Friedrich, für die noch fehlenden Bände von Baiter-Kayser) nicht gebilligt.

	Seite		Seite
Cic. inv. II, 122*	73	Q. fr. I, 2, 8	41
II, 160	68	II, 7, 2*	42
de or. II, 92*	33	Att. II, 1, 5	40
II, 348	37	V, 8, 2*	43
or. 200	92	IX, 15, 6	41
top. 3*	38	XIV, 22, 1*	61
Verr. II, 2, 46*	89	Ac. I, 45*	35
II, 4, 8	41	II, 71*	35
II, 4, 98*	39	II, 77*	35
II, 5, 158*	48	fin. I, 63	35
Tull. 38	43	V, 20	36
imp. Pomp. 5	41	V, 81	79
9	91	Tusc. III, 9*	42
Cluent. 144*	94	IV, 24	14
Rab. perd. 25	73	nat. deor. I, 77*	43
Mur. 5*	48	I, 92	38
Sull. 58	48	III, 9	41
Arch. 5*	48	III, 10	36
Cael. 18	42	div. II, 37*	42
Balb. 57	43	rep. I, 15*	36
Pis. 12	41	leg. III, 16*	43
95*	41	off. III, 89	76
Planc. 94*	91	parad. 39	79
Scaur. 46*	79	45	65
fam. III, 9, 1*	39		
VIII, 8, 7	39	Caes. b. G. V, 39, 1*	54
XI, 20, 1*	41	V, 46, 3*	54
XII, 30, 2	15 f.	VII, 4, 3	80
XVI, 23, 1	39	VII, 84, 4	100

, M., **Beiträge** zur Lehre von der conse-
nporum im Lateinischen. 76 S. gr. 8. ℳ 1,00
Dr. Walther, **Ein ästhetischer Kommentar**
lyrischen Dichtungen des Horaz. Essays. 314 S.
br. ℳ 4,00, eleg. geb. ℳ 5,00
r., Gymnasiallehrer, **Materialien für die Ovid-**
72 S. gr. 8. ℳ 1,00
, Dr. Jos., Lehrer am k. Gymnasium zu Coblenz.
teinische participium futuri passivi in seiner
ig und syntaktischen Verwendung. Grammatische Studie.
gr. 8. br. ℳ 2,80
s., Gymnasiallehrer. **Die Entwickelung des**
l Satzbaues im Griechischen. 82 S. gr. 8. ℳ 1,20
Ed., Gymnasial-Direktor in Fulda. **Exegetische**
tische Beiträge zu Platons Apologie und Kriton.
|. ℳ 0,80
)r. Ed., Professor, Direktor des Gymnasiums zu Lyck.
hetischer Kommentar zu Homers Ilias. 352 S.
br. ℳ 4,00, eleg. geb. ℳ 5,00
Franz, **Dispositionen** zu den Reden bei Thuky-
die Schul- und Privatlektüre entworfen. 124 S. gr. 8.
br. ℳ 1,80
t, Dr. Edm., **Geschichte der griechischen**
:hre. Das Farbenunterscheidungsvermögen. — Die
zeichnung der griechischen Epiker von Homer bis
Smyrnäus. 216 S. gr. 8. br. ℳ 6,00.
ottfr., k. k. Gymnasial-Professor. **Beiträge zur**
ehre des griechischen Verbums. 36 S. gr. 8. ℳ 0,50
nmatik des homerischen Dialekts. (Laut-,
, Bedeutungs- und Satzlehre.) 432 S. gr. 8. br. ℳ 7,00
ıstav, **Lateinisch-romanisches Wörterbuch.**
:hliefsendem romanischen und deutschen Wörterver-
Die Ausgabe des Werkes geschieht in etwa neun
gen. 4 à ℳ 2,00